El Método de Aprendizaje *South Beach* para Portugués conversacional

Por Erasmus Cromwell- Smith

ISBN: 979-8-9873115-1-6

Publisher: Erasmus Press
Editor and Proofreading: Elisa Arraiz Lucca
Cover Design and Interior Design:Abjini Shamanik & Alisha Raul
www.erasmuscromwellsmith.com

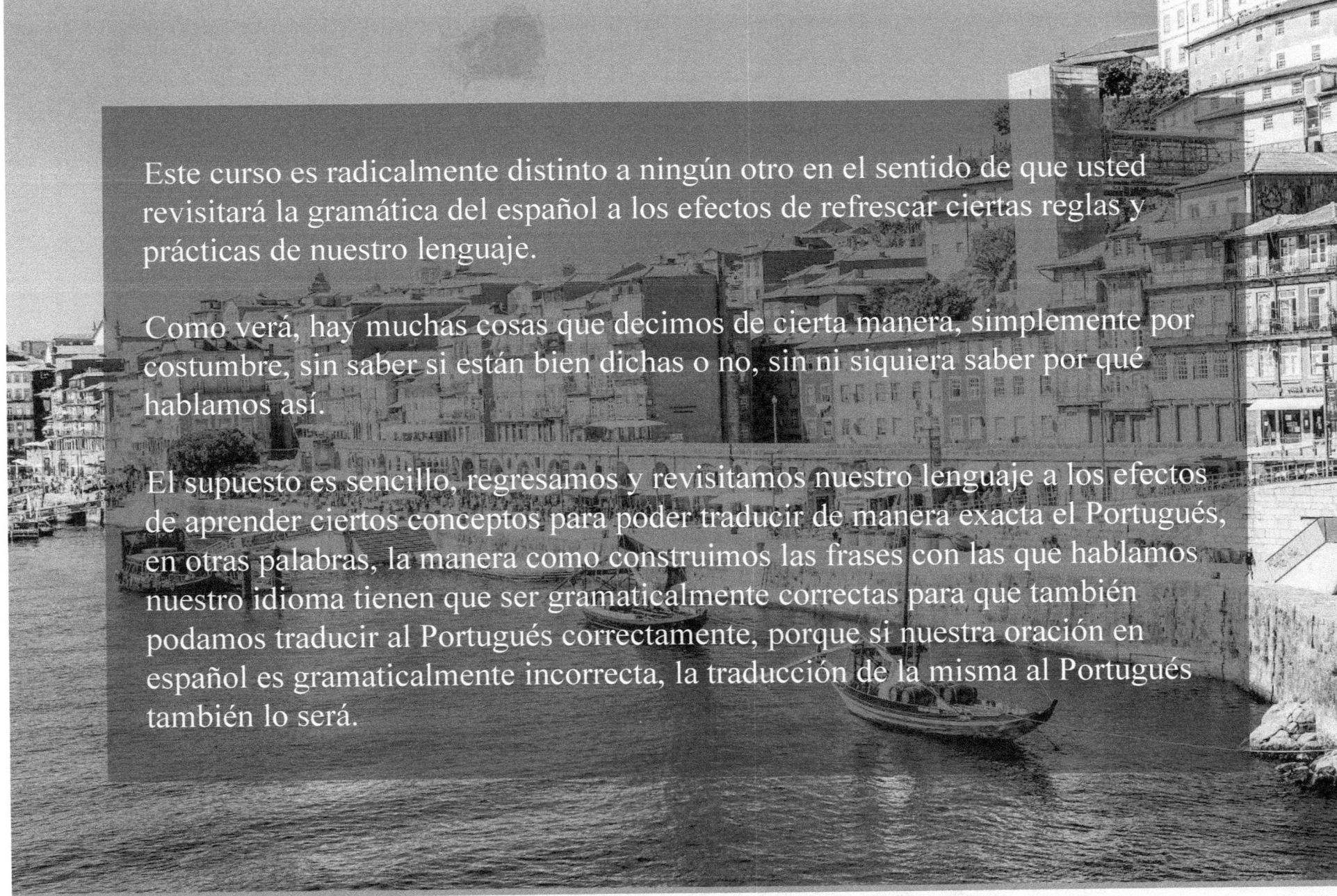

Este curso es radicalmente distinto a ningún otro en el sentido de que usted revisitará la gramática del español a los efectos de refrescar ciertas reglas y prácticas de nuestro lenguaje.

Como verá, hay muchas cosas que decimos de cierta manera, simplemente por costumbre, sin saber si están bien dichas o no, sin ni siquiera saber por qué hablamos así.

El supuesto es sencillo, regresamos y revisitamos nuestro lenguaje a los efectos de aprender ciertos conceptos para poder traducir de manera exacta el Portugués, en otras palabras, la manera como construimos las frases con las que hablamos nuestro idioma tienen que ser gramaticalmente correctas para que también podamos traducir al Portugués correctamente, porque si nuestra oración en español es gramaticalmente incorrecta, la traducción de la misma al Portugués también lo será.

Portugués Conversacional

➤ Este curso le permitirá aprender Portugués con solo unas pocas horas de estudio.

➤ Este curso desvirtúa completamente la creencia acerca de que el Portugués es un idioma muy difícil de aprender.

➤ De hecho, ambos idiomas se hablan de la misma manera (casi como una imagen en un espejo).

➤ La fundación de este programa son <u>Los Verbos Infinitivos.</u>

➤ Usted aprenderá a hablar Portugués a través de cuatro formatos en fórmula que simplifican significativamente el cómo hablar Portugués.Todos ellos basados en <u>Los Verbos Infinitivos.</u>

➤ Este curso también enseña cómo pronunciar correctamente las palabras en Portugués.

➤ Así mismo, permite estudiar y aprender la mayoría de los verbos en Portugués, únicamente en el tiempo infinitivo, prácticamente sin aprender las conjugaciones, las cuales toman muchísimas horas de aprendizaje.

➤ En este curso se estudian los cuatro verbos "gatillo" y sus conjugaciones. Estos verbos, una vez aprendidos, permiten establecer prácticamente cualquier tipo de conversación.

Los 14 Pasos de aprendizaje

> **El Portugués
> Es muy
> Fácil
> De aprender e igualmente
> Fácil de hablar**

Empecemos

En gran parte:

➢ El Portugués se habla de la misma manera como se habla el Español.

➢ La mayoría de las reglas gramaticales (incluyendo sus nombres) son las mismas.

➢ Las frases son estructuradas de la misma manera.
Adicionalmente, muchas palabras son muy similares pero pronunciadas
de manera diferente.

*Entonces, ¡desmontemos juntos la idea de que el Portugués es un
idioma difícil de aprender!*

1er. Paso de Aprendizaje

Todo comienza con

las 5 vocales

¡Aprenda a pronunciarlas correctamente!

Primero Lo Basico

Vocal en Portugués	Pronunciación en Portugués Fácil: La pronunciación está entre paréntesis ( )					
	Lea en voz alta	otra vez	otra vez	otra vez	otra vez	otra vez
A (Ah)	(Ah)	(Ah)	(Ah)	(Ah)	(Ah)	(Ah)
E (Eh)	(Eh)	(Eh)	(Eh)	(Eh)	(Eh)	(Eh)
I (i)	(i)	(i)	(i)	(i)	(i)	(i)
O (Oh)	(Oh)	(Oh)	(Oh)	(Oh)	(Oh)	(Oh)
U (Uh)	(Uh)	(Uh)	(Uh)	(Uh)	(Uh)	(Uh)

Ahora practiquemos juntos en voz alta

Ahora hágalo más rápido: **Ah-Eh-i-Oh-Uh**　　　aún más rápido: **Ah-Eh-i-Oh-Uh**

Siga practicando: **Ah-Eh-i-Oh-Uh**　　　**Ah-Eh-i-Oh-Uh** Hasta que lo memorice

Repita y memorice los sonidos
Trate de hacerlo más y más rápido

2do. Paso de Aprendizaje

Lo siguiente es aprender

El Alfabeto

¡En (parénthesis) encontrará la pronunciación en Portugués!

Pronunciación y fonética del Alfabeto en Portugués

A (ah)	B (bh)	C (zeh)	D (deh)	E (eh)	F (ef)
G (jeh)	H (*silent*)	I (i)	J (jeh)	K (kahh)	L (ehl)
M (em)	N (en)	O (oh)	P (peh)	Q (koo)	R (ehrreh)
S (es)	T (teh)	U (uh)	V (veh)	W (duplo v)	
X (zeh/sh/ehs)		Y (ee grega)		Z (zehtah)	

2do. Paso de Aprendizaje

También es muy útil Aprender

Los Números

Uno **Um**	Dos **Dois**	Tres **Três**	Cuatro **Quatro**	Cinco **Cinco**	Seis **Seis**	Siete **Sete**	Ocho **Oito**	Nueve **Nove**
Diez **Dez**	Veinte **Vinte**	Treinta **Trinta**	Cuarenta **Quarenta**	Cincuenta **Cinquenta**	Sesenta **Sessenta**	Setenta **Setenta**	Ochenta **Oitenta**	Noventa **Noventa**

Cien **Cem**	Doscientos **Duzentos**	Trescientos **Trezentos**	Cuatrocientos **Quatrocentos**
Quinientos **Quinhentos**	Seiscientos **Seiscentos**	Setecientos **Setecentos**	Ochocientos **Oitocentos**
Novecientos **Novecentos**	Mil **Mil**	Diez mil **Dez mil**	Cien mil **Cem Mil**
Un millón **Um milhão**	Cien millones **Cem mil milhões**	Mil millones/Un millardo **Um bilhão**	Un trillón **Um trilhão**

3er. Paso de Aprendizaje

Una vez aprendidos el alfabeto y las vocales, el próximo paso es aprender:

Los Pronombres

Eu – Tu	¡Fácil Solo Léalo! ()
Léalo en voz alta Yo – Eu (Eu)	Léalo en voz alta Usted – Tu (Tu)
Léalo en voz alta Yo – Eu (Eu)	Léalo en voz alta Usted – Tu (Tu)
Léalo en voz alta Yo – Eu (Eu)	Léalo en voz alta Usted – Tu (Tu)
Léalo en voz alta Yo – Eu (Eu)	Léalo en voz alta Usted – Tu (Tu)
Léalo en voz alta Yo – Eu (Eu)	Léalo en voz alta Usted – Tu (Tu)
Léalo en voz alta Yo – Eu (Eu)	Léalo en voz alta Usted – Tu (Tu)
Léalo en voz alta Yo – Eu (Eu)	Léalo en voz alta Usted – Tu (Tu)
Léalo en voz alta Yo – Eu (Eu)	Léalo en voz alta Usted – Tu (Tu)

Recuerde en Portugués Yo es **Eu** , Usted es **Tu**

Ele – Ela

¡Fácil Solo Léalo! ()

Léalo en voz alta El – Ele (Ehleh)	Léalo en voz alta Ella – Ela (Ehlah)
Léalo en voz alta El – Ele (Ehleh)	Léalo en voz alta Ella – Ela (Ehlah)
Léalo en voz alta El – Ele (Ehleh)	Léalo en voz alta Ella – Ela (Ehlah)
Léalo en voz alta El – Ele (Ehleh)	Léalo en voz alta Ella – Ela (Ehlah)
Léalo en voz alta El – Ele (Ehleh)	Léalo en voz alta Ella – Ela (Ehlah)
Léalo en voz alta El – Ele (Ehleh)	Léalo en voz alta Ella – Ela (Ehlah)
Léalo en voz alta El – Ele (Ehleh)	Léalo en voz alta Ella – Ela (Ehlah)
Léalo en voz alta El – Ele (Ehleh)	Léalo en voz alta Ella – Ela (Ehlah)

Recuerde en Portugués El es **Ele**, Ella es **Ela**

Nós – Vós	¡Fácil Solo Léalo! ()
Léalo en voz alta Nosotros – Nós (Nohs)	Léalo en voz alta Ustedes – Vós (Vohs)
Léalo en voz alta Nosotros – Nós (Nohs)	Léalo en voz alta Ustedes – Vós (Vohs)
Léalo en voz alta Nosotros – Nós (Nohs)	Léalo en voz alta Ustedes – Vós (Vohs)
Léalo en voz alta Nosotros – Nós (Nohs)	Léalo en voz alta Ustedes – Vós (Vohs)
Léalo en voz alta Nosotros – Nós (Nohs)	Léalo en voz alta Ustedes – Vós (Vohs)
Léalo en voz alta Nosotros – Nós (Nohs)	Léalo en voz alta Ustedes – Vós (Vohs)
Léalo en voz alta Nosotros – Nós (Nohs)	Léalo en voz alta Ustedes – Vós (Vohs)
Léalo en voz alta Nosotros – Nós (Nohs)	Léalo en voz alta Ustedes – Vós (Vohs)

Recuerde en Portugués <u>Nosotros es **Nós**</u>, <u>Ustedes es **Vós**</u>

Eles/Elas – Isso	¡Fácil Solo Léalo! ()
Léalo en voz alta *masculino/ femenina* Ellos – Ele (Ehlehs)/Ela (Ehlahs)	Léalo en voz alta Eso/Esto – Isso (Issoh)
Léalo en voz alta Ellos – Ele (Ehlehs)/Ela (Ehlahs)	Léalo en voz alta Eso/Esto – Isso (Issoh)
Léalo en voz alta Ellos – Ele (Ehlehs)/Ela (Ehlahs)	Léalo en voz alta Eso/Esto – Isso (Issoh)
Léalo en voz alta Ellos – Ele (Ehlehs)/Ela (Ehlahs)	Léalo en voz alta Eso/Esto – Isso (Issoh)
Léalo en voz alta Ellos – Ele (Ehlehs)/Ela (Ehlahs)	Léalo en voz alta Eso/Esto – Isso (Issoh)
Léalo en voz alta Ellos – Ele (Ehlehs)/Ela (Ehlahs)	Léalo en voz alta Eso/Esto – Isso (Issoh)
Léalo en voz alta Ellos – Ele (Ehlehs)/Ela (Ehlahs)	Léalo en voz alta Eso/Esto – Isso (Issoh)
Léalo en voz alta Ellos – Ele (Ehlehs)/Ela (Ehlahs)	Léalo en voz alta Eso/Esto – Isso (Issoh)

Recuerde en Portugués Ellos es **Eles/Elas**, Eso/Esto es **Isso**

Lección No. 2 : Parte E 5

Sumario	Pronombres	¡Fácil Solo Léalo!
Continuemos Practicando	Yo – **Eu (Eu)**	Pronúncielo 5 veces
	Usted – **Tu (Tu)**	Este también 5 veces
	El – **Ele (Ehleh)**	Este también 5 veces
	Ella – **Ela (Ehlah)**	Continúe 5 veces también
	Nosotros – **Nós (Nohs)**	Pronúncielo 5 veces
	Ustedes – **Vós (Vohs)**	Este también 5 veces
	Ellos – **Ele (Ehlehs)/ Ela (Ehlahs)**	Continúe 5 veces también
	Eso/ Esto – **Isso (Issoh)**	Continúe 5 veces también

4to. Paso de Aprendizaje

Las siguientes

Palabras Mágicas

Son esenciales en cualquier conversación

¡PRACTÍQUELAS!

Introduzcamos 10 palabras que son esenciales en cualquier conversación

un uno / una unos / unas	**Um**	Sì No	**Sim** **Não**
El, La, Los Las	**O**	En el (lugar) En los (lugares) A las (horas)	**Em**
Y	**E**	A	**Para**
Con	**Com**	Eso, Esa (señalar) Que (enfatizar)	**Que, Este,** **Aquele**
O	**Ou**	Esto	**Isto**

Cuál, Qué	**O que, O quê**	Pero	**Mas**
Cuándo	**Quando**	De quién	**De quem**
Dónde	**Onde**	Cuál	**Quem**
Porqué	**Porque, porquê**	Cuáles	**Qual**
Bien sea, O	**Se**	Cómo	**Como**
A	**Para**	Por, para	**Por, para**
De, Desde	**De, do, a partir de**	Mientras	**Enquanto, Durante**
Cuántos	**Quantos**	Con quién	**Quem**
Para, por	**Por, para**	Tal como	**Como**
Más que	**Mais do que**	Cuanto cuesta	**Quanto**

A

A: Para
Adentro: Dentro de casa
Agradable: Agradável
Alguno: Algum
Amable: Amável
Ancho: Largura
A Propósito: A Propósito
Atención: Atenção
A Quién: A Quem
Aún Cuando: Ainda quando
Abajo: Baixa
Adolescente: Adolescente
Ahora Mismo: Agora mesmo
Al Lado De: Ao lado de
Ambos: Ambos
Antes: Antes da
A Punto De: A ponto de
A Través De: Através de
Aquellos: Aqueles
Aunque : No entanto

Abrir: Abrir
A Donde: Onde
A Las: No
Algo : Algo
Alto: Alto
A Menos Que: A Menos Que
Apenas: Apenas
Apurado: Com pressa
A Qué Distancia: A Qué Distancia
A Través De La Cual: Através do qual
Ayer: Ontem
Acerca De: Sobre
Afuera: Fora
Alguien: Alguém
Allá: Lá
A Menudo: Frequentemente
A Pesar De: Apesar de
Arriba: Acima
A Qué Hora: A que horas
Abreise: Abra

B

Bastante: Bastante
Bien: Bom
Bien Sea: bem que seja
Bueno: Ok

C

Cada: Cada
Cautela: Cuidado
Clase: Classe
Cosa: Material
Cuando Sea: Quando seja
Caliente: Quente
Ceder El Paso: Colheita
Cierto: Certo
Cómo : Quão
Considerando Que: Considerando que
Cuál: Que
Cuidado: Atención
Completo: Completo
Cerca: Perto

Contigo: Contigo
Cuán Lejos: Quão longe
Culpa: Culpa
Casi: Quase
Cerca De: Perto de
Con: Com
Corto: Curto
Cuando: Quando
Cualquiera: Algum

D

De: Do
Deliberado: Deliberar
Divertido: Engraçado
Dónde : Onde
Detrás: Atras do
Desviación: Desvio
De Guardia: De guarda
Demasiado: Também
De Quién: De quem
Dividir: Dividir
Donde Sea: Onde seja

De cualquier manera: De qualquer maneira
Debajo: Debaixo
De Inmediato: De imediato
Dentro: Dentro de
Desafortunadamente: Infelizmente
Dividir Entre: Dividir Entre
Desde: Desde
De Buena Gana: De boa vontade
Donde Se Encuentre: Onde achar
De Nuevo: De novo
Desagradable: Desagradável
Difícil: Duro
Dividido Por: Dividido Por
Donde Quiera: Onde quer que
De Otra Manera: De outra maneira
De Alguna Manera: De alguma forma

E

El: Ela (Ehlah)
Ella: Ele (Ehleh)

En: Dentro
En Caso Que: No caso de
En El Medio: No meio
En Orden Que: para que
Entonces: Então
Esto: Este
Específico: Específico
En Algún Lugar: Em algum lugar
En Contra De: Em contra de
En Particular: Em particular
Entre: Dentre
Esta Noche: Esta noite
Estrecho: Perto
En Buena Salud: em boa saúde
En El (La) (S): No
En Proceso: Em processo
En Vez De: Em vez de
Entendido: É entendido
En Este Momento: En Este Momento
En Caso De: En Caso De

En El Hábito: no hábito
Enfrente De: Em frente
En Progreso: Em progresso
Esto: Este

F

Fácilmente: Facilmente
Fiesta: Partido
Factible: Viável
Fiebre: Febre
Falla: Falha
Fin: O fim
Feria: Feira
Fuerte: Forte

G

Generalmente: Usualmente
Gracioso: Engraçado
Grande: Excelente
Gracias: Obrigada

H

Habrá: Haverá
Han Tenido: Tiveram
Habría Estado: Teria sido
Hace: Faz
Han Sido: Foram
Hecho: Feito
Hasta: Até
Halar: Puxar
Hasta La Vista: Até logo
Hay: Há
Hombre: Homens
Habría Sido: Teria sido
Han Estado: Estiveram
Hasta Luego: Até logo
Hubo: Houve
Habría Tenido: Eu teria tido

I

Inmediatamente: Imediatamente
Incluído: Incluído

Importante: Importante
Inspeccionar: Inspecionar
Imposible: Impossível
Interesante: Interessante
Improbable: Improvável
Izquierda: Deixei

J

Junio: Junho
Juntos: Juntos
Justo: Apenas

K

Kilo: Quilo

L

Largo: Comprimento
Lo Último: O último
Lista: Preparar
Luce Como: Parece
Listo: Inteligente
Luego: Mais tarde

M

Mañana: Manhã
Más Allá: Além
Mientras: Enquanto
Muchacho: Cara jovem
Muy: Muito
Mantener: Aguarde
Más Tarde: Mais tarde
Mientras Que: Enquanto que
Mucho: Muito
Más…Que: Mais…que
Más: Mais
Medio: Médio
Mitad: Metade
Muchos: Muito de
Menos... Que: Menos... Que
Más Aún: Mais ainda
Menos: Menos
Muchacha: Menina
Mujer: Mulher
Muéstrame: Mostre-me

N

Ninguno: Nenhum
Necesario: Necessário
Niño: Menino
Never: Nunca
No: Não
Niña: Garotinha
Noche: Noite

O

O: Qualquer
Obvio: Óbvio
Otro: Outro

P

Para: Por
Pintura: Pintar
Por Qué: Por que
Problema: Problema
Para Siempre: Para sempre
Pero: Mas
Por Favor: Por Favor
Posible: Possível

Programa: Programa
Por Esa Razón: Por esse motivo
Parece Como: Parece
Pesado: Pesado
Por: Por
Por La Razón: Pela razão
Próximo: Próximo
Partida: Partida
Pequeño: Pequena
Por Ciento: Por Cento
Por Supuesto: Claro
Punto: Ver

Q

Querido: Querido
Qué Hay Acerca De: A respeito
Quizás: Pode ser

R

Razonable: Razoável
Responsable: Responsável
Relativo: Relativo
Ridículo: Ridículo

Respeto: Respeito
Risa: Risada
Repita: Repetir

S
Salida: Partida
Señora: Sra
Sobrante (s): Poupar
Sujeto: Sujeito
Seguro: Claro
Señorita: Senhorita
Sí: Sim
Sobre: Sobre
Suficiente: O suficiente
Selección: Seleção
Siempre: Sempre
Solamente: Apenas
Superar: Ao vivo
Señor: Senhor
Similar: Similarmente
Sólo una vez: só uma vez

T
Tarea: Tarefa
Todavía: Ainda
Tan pronto como sea posible: O mais breve possível
Todo: Tudo
También: Também
Tema: Tema
Tan: Então
Tipo: Cara
Todo el día: Todo o dia
Tarde: Tarde
Tirar: Lançar

U
Última (o): Último
Únicamente: Apenas
Un: Um
Un poco de: Alguns
Una vez: Uma vez

V
Varios: Diversos
Verdad: Verdade

Y
Ya: Já
Y ahora qué: E agora que

5to. Paso de Aprendizaje

Los Posesivos y los Reflexivos

son esenciales para completar una frase

¡Practíquelos!, especialmente la pronunciación.

Reflexivo

Me – **Me**	Llámame	**Chama-me**
Le – **Te**	Traerle	**Trazer-te**
Le – **Le**	Llevarle	**Leva-o**
La – **La**	Invitarla	**Convidá-la**
Nos – **Nos**	Búscanos	**Pegue-nos**
Les – **Les**	Cómprales	**Comprar-te**
Les – **Les**	Escribeles	**Escreve-os**
Lo – **Lo**	Véndelos	**Vendé-lo**

Ejemplos:

Usted	le tiene	que ir	a llevar a casa
Tens	**de**	**ir**	**levá-lo à casa**
El	me puede	venir	a ver luego
Ele	**pode**	**vir**	**ver-me mais tarde**
Ellos	la quieren	traer	a ver le
Ele	**quer**	**trazê-la**	**para te ver**
Ellos	le están	tratando	de llamar hoy
Eles	**estão**	**tentando**	**chamar hoje**

Posesivo

Mi – **Meu/Minha**	Mi casa	**Minha casa**
Su – **Teu/Tua**	Su coche	**Teu carro**
Su – **Seu**	Su hijo	**Teu filho/ tua filha**
Su – **Sua**	Su mascota	**Sua mascot**
Nuestro – **Nosso/a**	Nuestro barco	**Nosso barco**
Vuestro – **Vosso/a/s**	Vuestro padre	**Teu pai**
De Ellos – **Deled/delas**	La idea de ellos	**Sua ideia**
Su – **Sua**	Su cola	**Sua cauda**

Ejemplos

Usted	es	bienvenido a	nuestra casa
Você	**es**	**bem-vindo à**	**nossa casa**
Ella	está manejando		mi coche
Ela	**está conduzindo**		**meu carro**
El	tiene que	traer a	mi hijo
Ele	**tem que**	**trazer**	**meu filho**
Ellos	quieren	llevar a	mi esposa
Eles	**querem**	**levar a**	**minha esposa**

Lección No. 3 : Parte E 3

Notas sobre reflexivos:

En Portugués, un reflexivo también se puede colocar justo antes del sustantivo (al comienzo de la frase), es preferible de esta manera.

Ejemplos:

Los traeré a casa
Eu vou trazê-los para casa

Quiero llevarlo al aeropuerto
Eu quero levá-lo para o Aeroporto

Tengo que ir a comprarle las medicinas
Eu tenho de ir comprar os medicamentos para ele.

Puedo prepararte la comida a las doce.
Eu posso preparar a comida para ti às doze.

6to. Paso de Aprendizaje

Los Verbos Infinitivos

son la base de este curso, los mismos son usados de manera casi idéntica tanto en Portugués como español.

¡Practíquelos!, especialmente las conjugaciones y la pronunciación.

¿Qué es un Verbo Infinitivo (Verbo no Infinitivo) en Portugués?

1) Son aquellos que terminan en "**r**" similares al español

   Ejemplos: **chamar**   **vir**   **ir**   **comer**

                llama<u>r</u>   veni<u>r</u>   i<u>r</u>   come<u>r</u>

2) Nunca es el 1er. verbo (no se puede conjugar)

   No se puede decir en Portugués   ~~Eu chamar~~   ~~Eu vir~~   ~~Eu ir~~   ~~Eu comer~~

   Ni se puede decir en español   ~~Yo llamar~~   ~~Yo venir~~   ~~Yo ir~~   ~~Yo comer~~

3) Sin embargo son siempre usados después del 1er. o 2do.

   Ejemplo:

Eu	**quero**	**ir**	**comer**
Yo	quiero	ir a	comer

Ela	**quer**	**vir**	**visitor**
Ella	quiere	venir a	visitar

Este curso está basado en los Verbos Infinitivos.

En Portugués se usan los Verbos Infinitivos todo el tiempo.

Eu	quero	ir	comer agora
Ele	quer	vir	te visitar

Los Hispanos también usamos los Verbos Infinitivos

Todo el tiempo y ¡de la misma manera que ellos! Las palabras 3 y 5 se intercambiaron.

Eu	**quero**	**ir**	**comer**	**agora**
Yo	quiero	ir	a comer	ahora

Ele	**quer**	**vir**	**te**	**visitar.**
El	quiere	venir	a visitor le	

SONRÍA ☺ *Ambas frases parecen un espejo.*

Este curso está basado en los Verbos Infinitivos

¡Aquí tiene más ejemplos!

Eu Yo	**tenho** tengo que	**de levar-te** llevar le		**Ela** Ella	**quer** quiere	**assistir TV** mirar TV	**até a meia noite** hasta la medianoche
Tú Usted	**tens que** tiene que	**trazê-lo** traer le		**Nós** Nosotros	**queremos** queremos	**ir à loja** ir a comprar	**ao meio dia** al mediodía
Ele El	**tem que** tiene que	**ir ver-te** ir a ver le		**Eles** Ellos	**querem** quieren	**dar-te uma** dar le	**surpresa** una sorpresa
Nós Nosotros	**temos que** tenemos que	**tentar chegar lá** tratar de llegar allá		**Tu** Usted	**queres** quiere	**fazer-lhe** hacer le	**muito bem** mucho bien

Lección No. 4 : Parte E 3

Lo único que usted necesita para poder conversar en Portugués son <u>los Verbos Infinitivos</u> los cuales son la base de este método de aprendizaje.

➤ **Los verbos infinitivos** se usan de la misma manera y casi siempre en el mismo lugar en una oración, tanto en Portugués como español.

➤ **Los verbos infinitivos** nunca son el primer verbo en una oración:

   <u>**Eu quero ter**</u>
   Yo quiero tener

➤ **Los verbos infinitivos** terminan en **"r"** en Portugués
   y en español:

   <u>**Ter**</u>
   Tener

➤ **Los verbos infinitivos** no pueden ser conjugados

   ~~<u>**Eu ter**</u>~~
   ~~Yo tener~~

➤ **Los verbos infinitivos** continúan siendo usados de manera
   Infinita en las oraciones. Ahí los dos idiomas son idénticos.

   <u>**Yo quiero ir comer**</u>
   Yo quiero ir a comer

➤ El segundo verbo en infinitivo en una frase en español
   siempre va precedido de una "A"

   <u>**Yo quiero ir dormir**</u>
   Yo quiero ir a dormir

➤ **Los verbos infinitivos** nos permiten conversar en Portugués a través de cuatro formatos en fórmula:
   (1) Gerundio-acción, (2) Pasado participio, (3) Futuro y (4) Condicional.

En la próxima página
usted encontrará una lista de:

Verbos Infinitivos
Verbo no Infinitivo

Estúdielos, léalos, pronúncielos varias veces hasta que los memorice,
y se dará cuenta que todos ellos (bueno, casi todos)

Terminan en <u>R</u> tanto en español
Como en Portugués

A

Abrir: Abrir
Abrazar: Abraçar
Aceptar: Aceitar
Acertar: Acertar
Adquirir: Adquirir
Agradecer: Agradecer
Amar: Amor
Anunciar: Anunciar
Aprender: Aprender
Aprobar: Passar
Asistir: Participar
Aumentar: Aumentar
Averiguar: Descobrir
Ayudar: Ajudar

B

Bailar: Dançar
Beber: Para beber
Borrar: Apagar
Bostezar: Bocejar
Buscar: Procurar

C

Caber: Caber
Caer: Cair
Calentar: Aquecer
Caminar: Andar
Cancelar: Cancelar
Causar: Causar
Cobrar: Coletar
Cocinar: Cozinhar
Conducir: Cavalgar
Conseguir: Obter
Construir: Acumular
Convertir: Converter
Cerrar: Fechar
Completar: Completar
Comprar: Comprar
Copiar: Copiar
Corregir: Corrigir
Correr: Correr
Creer: Acreditar
Crecer: Crescer
Cumplir: Cumprir

D

Dar: Dar
Darse Cuenta: Dar-se conta
Deber: Tem que
Debería: Deve
Decir: Dizer
Dejar: Deixar
Descansar: Descansar
Desear: Querer
Discutir: Argumentar
Dormir: Dormer
Dudar: Dúvidar
Devengar: Ganhar

E

Empezar: Começar
Empujar: Empurrer
Encontrar: Achar
Enseñar: Ensinar
Enviar: Mandar
Entender: Para entender
Entrar: Entrar

Lección No. 4 : Parte E 4

Escoger (Elegir): Escolher
Escribir: Escrevar
Esperar: Esperar
Estar: Ser
Estar Agradecido: Ser grato
Estar Molesto: Ser louco
Estar Equivocado: Estar enganado
Estudiar: Estudiar

G

Ganar: Ganhar
Golpear: Bater
Gustar: Gostar

H

Haber: Haver
Hablar: Falar
Hacer: Fazer
Halar: Puxar

I

Incluir: Incluir

Informar: Informar
Insistir: Insistir
Invitar: Convidar
Ir: Ir
Ir De Compras: Fazer
compras

J

Jugar: Jogar

L

Lavar: Lavar
Leer: Ler
Limpiar: Limpar
Llamar: Chamar
Llegar: Colar
Llevar: Vestir
Llorar: Lamentar
Lograr: Alcançar

M

Manejar: Lidar
Mover: Mover

Mejorar: Melhorar
Mantener: Aguarder
Mostrar: Mostrar
Mirar: Olhar

N

Nombrar: Nomear
Necesitar: Precisar

O

Obedecer: Obedecer
Observar: Olhar
Obtener: Peguer
Ofrecer: Ofrecer
Olvidar: Esquecer
Ordenar: Organizar

P

Pagar: Pagar
Parecer: Olhar
Partir: Partir
Pasar: Acontecer
Pedir: Perguntar

Pensar: Pensar
Perder: Perder
Perdonar: Perdoar
Permitir: Permitir
Poder: Posso
Podría: Poderia
Preguntar: Perguntar
Presentar: Introduzir
Prestar: Emprestar
Poner: Colocar
Poseer: Possuir

Q

Querer: Querer

R

Rechazar: Recusar
Recibir: Receber
Recibir: Acolher
Recordar: Lembrar
Recoger: Pegar
Reir: Rir
Repetir: Repetir

Respetar: Respeitar
Responder: Responder
Reusar: Reutilizar

S

Saber: Saber
Salir: Sair
Salvar: Salvar
Saltar: Pular
Satisfacer: Satisfazer
Seguir: Seguir
Sentar: Sentar
Sentir: Sentir
Ser: Ser
Solicitar: Aplicar
Solucionar: Separar
Sonreir: Sorrir

T

Temer: Temer
Tener: Ter
Tener Que: Devo
Terminar: Terminar

Trabajar: Trabalhar
Traer: Trazer
Tomar: Beber
Tratar: Tratar
Trotar: Cooper
Tocar: Tocar

U

Unir: Unir
Usar: Usar
Utilizar: Usar

V

Valorar: Apreciar
Vender: Vender
Venir: Vir
Ver: Ver
Vestir: Vestir
Viajar: Viajar
Visitar: Visitar
Vivir: Viver

7mo. Paso de Aprendizaje

Los 4 Verbos "Gatillo"

le permiten iniciar cualquier conversación básica

Practíquelos, especialmente las conjugaciones Y la pronunciación

Lección 5, 6, 7 & 8

Los siguientes 4 verbos gatillo le permiten iniciarla mayor parte de las conversaciones

Lección No. 5	Lección No. 6
Ser/Estar **Ser/Estar**	Tener **Ter**
Lección No. 7	**Lección No. 8**
Querer **Querer**	Poder **Poder**

El 1er. Verbo Gatillo es "Ser"
Y se usa de dos formas distintas:

El verbo **"Ser"** en Portugués puede describir una situación casi-permanente.
En esos casos el verbo equivalente en español el el verbo **"Ser."**

Ejemplos usando el verbo "Ser":

Eu sou	Yo soy alto	El es un policía
Tu és	**Eu** **sou** **alto**	**Ele** **é** **um policia**
Ele é	Ella es lista	Usted ed soltero
Ela é	**Ela** **é** **inteligente**	**Tú** **és** **solteiro**
Nos somos	Ellos son fanáticos	El está tarde
Vos sois	**Eles** **são** **fanáticos**	**Ele** **está** **atrasado**
Eles são	Es tarde	Ella es bella
Isto é	**Isto** **é tarde**	**Ela** **é** **bonita**

El 1er. Verbo Gatillo es "Estar"
Y se usa de dos formas distintas:

El verbo **"Estar"** en Portugués también describir una situación transitoria.
En estos casos el verbo equivalente en Español es el verbo **"Estar"**

Ejemplos usando el verbo "Estar":

Eu estou Tu estás Ele está Ela está Nos estamos Vos estão Eles estão Isto está	Yo estoy molesto **Eu estou zangado**	Ellos están listos **Ela está doente**
	Usted está tarde **Tú estás atrasado**	Ella está enferma **Eles estão prontos**
	El está cansado **Ele está cansado**	Usted está afuera **Tu estás fora**
	Ella está equivocada **Ela está errada**	Es lo correcto **Isso está certo**

Ejemplos de verbos "Ser"	*Ejemplos de verbos "Estar"*
Yo soy un buen jugador **Eu sou um bom jogador**	Yo estoy comiendo temprano cada día **Estou a comer pronto cada dia**
Yo soy una gran persona **Eu sou uma boa pessoa**	Yo estoy esperando por usted ahora **Estou a tua espera agora**
Usted es un buen hombre **Tú es um bom homem**	Usted está cansado todos los días **Tú estas cansada todos os dias**
Usted es una persona desagradable **Tú es uma pessoa nojenta**	Usted está molesto acerca del juego **Tú estas estressada por causa do jogo**
El es un estudiante excelente **Ele é um optimo estudante**	El los está llevando al aeropuerto **Ele está a leva-los ao aeroporto**
El es un cocinero fantástico **Ele é um cozinheiro fantastico**	El está yendo a visitarle este fin de semana **Ele vai te visitor este fin de semana**
Nosotros estamos siempre aquí para usted **Nós estamos sempre aqui para ti**	Ella está viniendo a casa en Acción de Gracias **Ela esá a vir a casa por Acção de Graças**
Nosotros somos la misma gente **Nós somos sempre os mesmos**	Nosotros estamos pensando acerca de usted **Estamos a pensar em ti**
Ustedes son un equipo ganador **Vocês são a equipe ganhadora**	Usted está frustrado por toda la situación **Estás frustrado pela situação**
Ustedes nunca están a tiempo **Tú nunca estás a tempo**	Ellos están muy cansados después del viaje **Eles estão muito cansados depois da viajem**
Ellos son los mejores en la ciudad **Eles são os melhores da cidade**	Se está haciendo tarde **Está a ficar tarde**
Ellos son lo peor que hay **Eles são os piores que há**	Nosotros estamos haciendo nuestra tarea **Estamos a fazer o teu trabalho de casa**
Es mejor si usted no viene **É melhor se não vieres**	Ella está tratando de finalizar su tarea hoy **Ela está a tentar acabar a sua tarefa hoje**

El 2do. Verbo Gatillo es "Ter"

El verbo **"Ter"** en Portugués se utiliza de dos formas distintas: La primera como un verbo auxiliar a verbos en pasado participio. Los verbos en participio pasado en portugués terminan en **"i" or "o"**. En esta primera forma, el equivalente es español, es el verbo **"Haber"** usado como auxiliar de verbos en pasado participio.

Ejemplos usando el verbo "Ter"

Eu tenho **Tu tens** **Ele ha** **Ela ha** **Nos temos** **Vos tendes** **Eles têm** **Isso tem**	**Eu tenho recebido correio hoje** Yo he recibido correo hoy	**Eu fui comer** Yo he ido a comer
	Levas-te muito tempo Usted ha tomado mucho tiempo	**Tu não me ligaste** Usted no me ha llamado
	Ela durmiu de manhã Ella ha dormido en la mañana	**Ele veio me ver** El ha venido a verme
	Eles estudaram todo o dia Ellos han estudiado todo el día	**Sie hat mich nach Hause gebracht** Ella me ha llevado a casa
	Eles têm cozinhado toda a manhã Ellos han cocinado toda la mañana	**Eu não fui dormir** Yo no me he ido a dormir
	Ele tem corrido toda a tarde El estado corriendo toda la tarde	**Eles não tem assistido a TV** Ellos no han mirado TV

Lección No. 6 : Parte E 2

Aquí hay múltiples ejemplos del verbo **"Tener"**
cuando es utilizado como **"Ter"** en Portugués

Tener: Ter

Eu tenho feito Yo he hecho	**Eles tem estudado** Ellos han estudiado	**Eu tenho percebido** Usted ha entendido
Eu tenho conseguido Yo he recibido	**Eu tenho corrido** Yo he corrido	**Ele tem escrito** El ha escrito
Eu tenho tomado Yo he llevado	**Ela tem caminhado** Ella ha caminado	**Eu tenho curado** Usted ha mejorado
Tu tens cozinhado Yo he cocinado	**Eles tem chamado** Ellos han llamado	**Eles tem pensado** Ellos han pensado
Ele tem esperado El ha esperado	**Eu tem falado** Yo he hablado	**Tu tens comprado** Usted lo ha traído
Ela tem visto Ella ha visto	**Ela tem comprado** Yo lo he comprado	**Ela tem tomado banho** Ella se ha bañado

El 2do. Verbo Gatillo es "Ter"

La segunda utilización del verbo **"Ter" en Portugués** es cuando se expresa propiedad o obligación en este caso **"Ter"** en español significa **"Tener,"**

Estos dos significados son iguales tanto de en español como en portugués"

1. **"Tener,"** o **"Ter"** cuando describe propiedad o posesión
2. **"Tener que,"** o **"Ter Que"** cuando describe deber o responsabilidad

*Ejemplos usando "**Ter**": Describiendo propiedad*			*Ejemplos usando "**Ter**": Describiendo responsabilidad*		
Eu	**tenho**	**um carro**	**Eu**	**tenho que**	**ir comer**
Yo	tengo	un coche	Yo	tengo que	ir a comer
Ele	**tem**	**uma extensa familia**	**Eu**	**tenho que**	**falar com ele**
El	tiene	una familia numerosa	Yo	tengo que	hablar con él
Tú	**tens**	**um problema**	**Ele**	**tem que**	**levar-te a casa**
Usted	tiene	un problema	El	tiene que	llevarle a casa
Ela	**tem**	**dor de cabeça**	**Nós**	**temos que**	**ver-te**
Ella	tiene	un dolor de cabeza	Nosotros	temenos que	verle
Tú	**tens**	**uma visita**	**Ele**	**tem que**	**viver agora**
Usted	tiene	un visitante	Ella se	tiene que	ir ahora

Tener	Tener que	Pasado Participio
Eu tenho uma grande familia Yo tengo una gran familia	**Eu tenho que ver-te amanhã** Yo tengo que verle mañana	**Eu tenho recebido correio hoje** Yo he recibido correo hoy
Eu tenho dor de cabeça Yo tengo dolor de cabeza	**Eu vim te ver** Yo tengo que venir a verle	**Eu dormí bem ontem a noite** Yo he dormido bien anoche
Tu tens quatro filhos bons Usted tiene cuatro hijos buenos	**Tu tens que ir comer** Usted tiene que ir a comer	**Tu não tens feito o teu trabalho** Usted no ha hecho su trabajo
Eu tenho um bom trabalho Yo tengo un buen trabajo	**Eu tenho que encontrar-me com ele hoje** Yo tengo que reunirme con el hoy	**Eu vi-a hoje cedo** Yo la he visto hoy temprano
Ele tem problemas com ela El tiene problemas con ella	**Ele tem de lhe trazer a comida** El tiene que traerle la comida	**Ele tem feito um grande erro** El ha cometido un gran error
Eles tem uma óptima vida Ellos tienen una gran vida	**Ele tem que apressar-se** Ellos se tienen que apurar	**Eles tem comido muito hoje** Ellos han comido mucho hoy
Tu tens muita sorte Ustedes tiene mucha suerte	**Tu tens que acabar o projecto** Usted tiene que terminar el Proyecto	**Nos enviamo-la para a escola** Nosotros la hemos enviado a la escuela
Eu tenho uma dura estrada a frente Yo tengo un camino difícil por delante	**Tu tens estado ausente ultimamente** Nosotros tenemos que comenzar a movernos	**Nos temos que começar a mover** Ustedes han estado ausentes ultimamente
Tu tens muita sorte Eres muy afortunado	**Ela tem que prestar atenção** Ella tiene que poner atención	**Ela comprou roupas novas** Ella ha comprador ropa nueva
Ela tem um carro novo Ella tiene un coche nuevo	**Isso tem de ser arranjado** Tiene que ser reparado	**Isso já tem sido reparado** Ya ha sido reparado
Tem quebrado luz Tiene una luz rota	**Eu tenho de começar de novo** Yo tengo que empezar de nuevo	**Eu tenho estado pensando nisso** Yo he estado pensando en ello

El 3er. Verbo Gatillo es "Querer"

En español el verbo es igual: "Querer" y ambos idiomas se usan de dos formas distintas:

1. Expresar un deseo con el verbo "Querer"
2. Expresar una orden con el verbo "Querer que"

	Para expresar deseo	*Para dar órdenes o pedir*
Eu quero **Tu queres** **Ele quer** **Ela quer** **Nos queremos** **Vós quereis** **Eles querem**	**Eu quero ir dormir** Yo me quiero ir a dormir	**Eu quero ir comer** Yo quiero que usted vaya comer
	Eu quero aprender a cantar Yo quiero aprender Portugués	**Ele quer que escrevas-lhe** El quiere que usted le escriba
	Ela quer cozinhar para ti Ella quiere cocinarle a ustedes	**Nós queremos que penses sobre isso** Queremos que lo piense
	Eles querem levar-te à casa Ellos quieren llevarle a casa	**Eu quero que me tragas o cheque** Yo quiero que me traiga la cuenta

Ejemplos

Desear/ Querer	Comando/ Orden
Eu quero te levar ao cinema Yo quiero llevarle al cine	**Eu quero que pares de me ligar** Yo quiero que usted pare de llamarme
Eu quero ir de compras hoje depois do almoço Yo quiero ir de compras hoy después de comer	**Ele quer que o chames hoje as 2 pm** El quiere que usted lo llame hoy a las 2 p.m.
Queres que eu te traga qualquer ¿Usted quiere que le traiga alguna cosa?	**Queres que o tenhamos pronto?** ¿Usted quiere que lo tengamos listo?
Ele quer comprar um par de sapatos novos El quiere comprar un par de zapatos nuevos	**Eu quero que penses nisso cuidadosamente** Yo quiero que lo piense con cuidado
Ela quer tentar encontrar um trabalho novo Ella quiere tratar de conseguir un trabajo nuevo	**Ela quer que eu não a incommode mais** Ella quiere que yo no la moleste más

El 4to. Verbo Gatillo es "Poder"

En En español el verbo es igual: "Poder"

Ejemplos usando el verbo "Poder":

Eu peudo **Tu podes** **Ele pode** **Ela pode** **Nos podemos** **Vós podeis** **Eles podem**	**Eu posso ver-te mais logo** Yo puedo verle luego	**Ele pode vir ao meio dia** El puede venir al mediodía
	Ela pode ir o ver Ella puede ir a verle	**Tu o podes fazer** Usted puede hacerlo
	Eles te podem levar à casa Ellos pueden llevarle a casa	**Tu podes entrar** Usted puede entrar
	Ele pode vir amanhã El puede venir mañana	**Eu posso te ligar logo** Yo puedo llamarle luego

Ejemplos: Poder

Eu posso vir te ver esse fim de semana Yo puedo venir a verle éste fin de semana	**Ele pode preparar para a prova essa semana** El puede prepararse para el examen esta semana
Eu posso ligar-te todas as noites às 20 horas Yo puedo llamarle todas las noches a las 8 p.m.	**Tu podes trazê-los para passar o dia aqui** Usted puede traerlos a pasar el día aquí
Ele pode leva-las ao parque amanhã às 14 horas El puede llevarles al parque mañana a las 4	**Tu podes ir ao cinema com eles** Usted puede ir al cine con ellos
Ela não pode comer frango Ella no puede comer pollo	**Tu podes ligar-me depois do almoço** Usted puede llamarme después del almuerzo
Nós podemos trabalhar juntos para resolver o problema Nosotros podemos trabajar juntos para resolver el problema	**Eles podem se queixar quanto eles quiserem, não vai fazer diferença nenhuma** Ellos pueden protestar todo lo que quieran pero no hará diferencia

Ok. Usemos ahora los Pronombres, los cuatro Verbos Gatillo, las Palabras Mágicas y los Verbos Infinitivos adicionales para construir más Oraciones y Frases.

Pronombres: Yo – Eu Usted – Tu El – Ele Ella – Ela Nosotros – Nós Ustedes – Vós Ellos – Eles, Elas Eso – Isso	**Eu tenho de a chamar** Yo tengo que llamarla	**Eu quero vir te ver** Yo quiero venir a verle
	Eu quero te levar a jantar Yo quiero llevarle a cenar	**Tu podes ir dormir** Usted puede irse a dormir
	Ele pode esperar por ti ao meio dia El puede esperar por usted al mediodía	**Ela quer cozinhar para ti** Ella quiere cocinarle
	Eu tenho de ir tomar nota Yo tengo que ir a tomar notas	**Eu tenho de ir correndo lhe ver** Yo tengo que correr para ir a verle
Los 4 Verbos Gatillo: Essere – Ser/Estar Tener – Ter Querer – Querer Poder – Poder	**Eu posso ir ver-te amanhã** Yo puedo ir a verle mañana	**Eles podem vir corer à noite** Ellos pueden venir a correr esta noche
	Nós podemos cozinhar rápido Nosotros podemos cocinar muy rápido	**Ele tem que chamar ela pronto** El tiene que llamarla pronto
	Nós temos que esperar por ela Nosotros tenemos que esperar por ella	**Eu quero comer aqui** Yo quiero comer aqui

Verbos Gatillo Adicionales	
Ir	**Ir**
Venir	**Vir**
Tomar	**Levar**
Comprar	**Comprar**
Cocinar	**Cozinhar**
Esperar	**Esperar**
Correr	**Correr**
Mirar	**Observar**
Ver	**Ver**
Dar	**Dar**
Recibir	**Receber**
Obtener	**Obter**
Caminar	**Caminhar**
Escribir	**Escrever**
Leer	**Ler**

Ejemplos

Tu tens de vir e vê-la Usted tiene que venir a verla	**Eles querem levar-te agora para o aeroporto** Ellos pueden llevarle al aeropuerto ahora
Tu podes vir e assistir TV mais tarde Usted puede venir a ver TV luego	**Tu podes ir às compras de mercearia às três em ponto** Usted puedes hacer la compra a las tres.
Ela quer que a ligues pronto Ella quiere que la llame pronto	**Ele tem de procurar correio esta semana** El tiene que recibir correo esta semana
Ele pode ler muito bem El puede leer muy bien	**Ele tem que buscar o seu cartão de identificação.** Deve andare a prendere il suo ID
Eles têm que correr hoje Ellos tienen que correr hoy	**Ele tem de aprender a escrever frequentemente** El tiene que aprender a escribir a menudo
Ela quer correr todas as manhãs Ella quiere correr todas las mañanas	

Ahora construyamos frases con lo que hemos aprendido

Eu tenho de ser um bom pai Yo tengo que ser un buen padre	**Eu tenho de ser pontual** Yo tengo que estar allí a tiempo	**Ele tem de ser paciente** El tiene que ser paciente
Eu tenho de ser justo Yo quiero ser justo	**Eu quero estar presente** Yo quiero estar presente	**Ele quer ser como o seu pai** El quiere ser como su padre
Eu posso chegar tarde com frequência Yo puedo estar tarde a menudo	**Eu quero estar lá às duas da tarde** Yo puedo estar allá a las dos	**Ele pode ser um bom companheiro de equipa** El puede ser un gran miembro del equipo
Tu tens de ser persistente Usted tiene que ser persistente	**Tu tens de estar sempre alerta** Usted tiene que estar alerta todo el tiempo	**Nós queremos estar prontos para ele** Nosotros queremos estar listos para él
Tu tens de ser o melhor Usted quiere ser el major	**Tu queres estar em frente dos outros** Usted quiere estar adelante de la curva	**Nós podemos estar do lado perdedor** Nosotros podemos estar en el lado perdedor
Tu podes ser o último a chega Usted puede ser el último en venir	**Tu podes meter-te em muitos problemas em breve** Ustedes pueden tener muchos problemas pronto	**Ele tem de ser devastado** El tiene que estar devastado
Nós temos de ser educados Nosotros tenemos que ser educados	**Ele pode estar disponível mais tarde** El puede estar disponible luego	**Ele quer estar sempre de férias** El quiere estar de vacaciones permanentemente

Los Verbos Infinitivos/ Los Cuatro Verbos Gatillo

Pronombre	Ser/Estar **Ser/Estar**	Querer **Querer**	Tener **Ter**	Poder **Poder**
Yo – **Eu**	sou/ estou	quero	tenho	posso
Usted – **Tu**	es/ estás	queres	tens	podes
El – **Ele**	é/ está	quer	tem	pode
Ella – **Ela**	é/ está	quer	tem	pode
Nosotros– **Nós**	somos/ estamos	queremos	temos	podemos
Ustedes – **Vós**	sois/estão	quereis	tendes	podeis
Ellos – **Eles/Elas**	são/ estão	querem	têm	podem
Eso/Esto – **Isso**	é/ estás	quer	tem	pode

8avo. Paso de Aprendizaje

Los 4 formatos en fórmula

(Plantillas)
Le permiten conversar en Gerundio (acción)
Participio Pasado, Futuro Condicional usando
únicamente "Verbos Infinitivos"

Practíquelos, especialmente las conjugaciones
y (la pronunciación)

1. Gerundio/ Gerúndio (Acción)

Gerundio/ Gerúndio (Acción)

PORTUGUÉS: Ser/Estar + Verbo termina en "ando", "endo" o "indo"

ESPAÑOL: Ser/Estar + Verbo termina en "iendo" o "ando"

Ejemplo: Caminar = **Andar** (Verbo Infinitivo)
　　　Yo estoy caminando a comer
　　　Estou and<u>ando</u> para comer

Ejemplos: Gerundio/ Gerúndio

Eu estou chamando-te agora Yo estoy llamándole ahora	**Eles estão chamando-le hoje** Ellos están llamándole hoy	**Eles estão chamando hoje** Ellos están llamándole esta noche
Estou estudando toda a manhã Yo estoy estudiando toda la mañana	**Eles estão estudando hoje** Ellos están estudiando hoy	**Ela está estudando agora** Ella está estudiando ahora
Estou esperando em casa Yo estoy esperando en la casa	**Estamos esperando por ti** Ellos están esperando por usted	**Tu estás esperando em vão** Usted está esperando en vano
Estou escrevendo-te todas as semanas Yo estoy escribiéndole cada semana	**Eles estão escrevendo todas as semanas** Ella está aprendiendo acerca del país	**Ele está escrevendo frequentemente** El está escribiendo a menudo
Estou tentando visitar-te Yo estoy tratando de visitarle	**Ela está tentando visitar-nos** Ella está tratando de visitarnos	**Eles estão tentando chamar** Ellos están tratando de llamar
Estou assistindo televisão hispânica Yo estoy viendo la TV en hispânico	**Ela está aprendendo sobre o condado** Ellos están escribiendo cada dos semanas	**Ele está aprendendo o básico** El está aprendiendo lo básico
Estou aprendendo a falar Yo estoy aprendiendo a hablar	**Tu estas vendo ela crescer** Usted está mirándola crecer	**Ele está vendo o jogo** El está mirando el juego

Verbos Infinitvos:

Llamar: **Chamar** Estudiar: **Estudar** Esperar: **Esperar** Escribir: **Escrever**

Aprender: **Aprender** Mirar: **Ver** Tratar: **tentar**

2. Pasado Participio/Passado Participio

	Pasado Participio/Passado Particípio **PORTUGUÉS**: Ter + Verbo termiando en **"ido"**, **"indo" o "ado."** **ESPAÑOL**: Haber + Verbo termiando en **"ido" o "ado."** *Ejemplo*: Caminar = **Andar** Yo he estado caminando toda la mañana **Eu tenho and<u>ado</u> tuda a mañana**

Ejemplos: Pasado Participio/Passado Participio

Levar: Eu tenho levado-a para casa Llevar : Yo la he llevado a casa	**Esperar: Eles têm estado à tua espera** Esperar: Ellos han estado esperando por usted
Comer: Ele têm comido às 12 horas Comer: El ha comido a las 12	**Lavar: Ela têm estado a lavar toda a manhã** Lavar: Ella ha estado lavando toda la mañana
Aprender: Eles têm aprendido a ler Aprender: Ellos han aprendido a leer	**Perguntar: Ele tem estado a perguntar por ti** Preguntar: El ha estado preguntando por usted
Falar: Ela têm falado com ele Hablar: Ella ha hablado con él	**Cozinhar: Eles têm estado a cozinhar hoje** Cocinar: Ellos han estado cocinando hoy
Estudar: Nós temos estudiado o dia todo Estudiar: Nosotros hemos estudiado	**Caminhar: Nós temos caminhado** Caminar: Nosotros hemos caminado
Receber: Eles não têm recebido um email Recibir: Ellos no han recibido correo	**Pensar: Tu tens pensado sobre isso** Pensar : Usted ha pensado acerca de eso
Ir: Eu têm ido a vê-la Ir : Yo he ido a verla	**Ver: Tu tens vindo todos os anos** Venir: Usted ha estado viniendo cada año
Trazer: Ele têm trazido um amigo Traer: El ha traído una amiga	**Ganhar: Nós temos estado ganhando mais** Ganar: Nosotros hemos estado ganando más
Ouvir : Ela têm estado a ouvir o que ele diz Escuchar: Ella le ha escuchado	**Comprar: Eu tenho estado comprando muitas vitaminas** Comprar: Yo he estado comprando muchas vitaminas

Passado Particípio (Verbo)/(Verbos) Pasado Participio

Sendo	**Estando**	**Chegou**	**Lavado**	**Resfriado**	**Embalado**	**Escrito**	**Lutado**
Sido	Estado	Llegado	Lavado	Enfriado	Empacado	Escrito	Peleado
Vir	**Falado**	**Calculado**	**Explicado**	**Olhado**	**Trazido**	**Respondido**	**Pensado**
Venido	Hablado	Calculado	Explicado	Mirado	Traído	Respondido	Pensado
Conseguido	**Levado**	**Visto**	**Repetido**	**Apelado**	**Necessitado**	**Aquecido**	**Visto**
Recibido	Lleva Do	Visto	Repetido	Apelado	Necesitado	Calentado	Mirado
Corrido	**Limpado**	**Chamado**	**Teve**	**Finalizado**	**Disputado**	**Cozinhado**	**Respondido**
Corrido	Limpiado	Llamado	Tenido	Finalizado	Disputado	Cocinado	Respondido
Feito	**Falhado**	**Dado**	**Ouvido**	**Aceitei**	**Construido**	**Viajado**	**Pegado**
Hecho	Fallado	Dado	Escuchado	Aceptado	Construído	Viajado	Agarrado
Desejado	**Feito**	**Camhinado**	**Comprado**	**Perguntado**	**Querido**	**Realizado**	**Começado**
Deseado	Hecho	Caminado	Comprado	Preguntado	Querido	Dado Cuenta	Empezado
Lembrado	**Assado**	**Colocado**	**Sentado**	**Lido**	**Comido**	**Ido**	**Apreciado**
Recordado	Horneado	Puesto	Sentado	Leído	Comido	Ido	Disfrutado
Frito	**Escutado**	**Perdido**	**Gostado**	**Parado**	**Banhado**	**Disse**	**Pesquisado**
Frito	Escuchado	Perdido	Gustado	Lavado	Bañado	Dicho	Buscado
Dormido	**Concordado**	**Existido**	**Deixado**	**Amado**	**Acordado**	**Deitado**	**Entristecido**
Dormido	Acordado	Salido	Dejado	Amado	Despertado	Dejado	Entristecido
Questionado	**Entrado**	**Ferido**	**Encontrado**	**Voado**	**Ganhado**	**Chorado**	**Expedido**
Preguntado	Introducido	Herido	Encontrado	Volado	Ganado	Llorado	Enviado
Encomendado	**Cozido**	**Sonhado**	**Bebido**	**Pago**	**Nadado**	**Esperado**	**Começado**
Ordenado	Hervido	Soñado	Bebido	Pagado	Nadado	Esperado	Empezado
Respondido	**Entendido**	**Discutido**	**Saltado**	**Esquecido**	**Debatido**	**Secado**	**Mostrado**
Respondido	Entendido	Discutido	Saltado	Olvidado	Llegado	Secado	Mostrado

3. Futuro

Futuro/ Futuro

PORTUGUÉS: Verbo ir + Verbo Infinitivo
ESPAÑOL: Verbo ir a + Verbo Infinitivo.
Yo voy a – **eu vou**
Tu vas a – **você vai**
El/Ella van a – **el/ela vai**
Nosotros vamos a – **nós vamos**
Ustedes van a – **vocês vão**
Ellos van a – **eles/elas vão**

Ejemplo: Comer = **Comer**
Yo voy a ir a comer después
Eu vou ir comer mais tarde

Ejemplos: Futuro/Futuro

Eu vou ir correr mais tarde Yo voy a ir a correr después	**Eles vão vir te visitar em breve** Ellos van a venir a visitarle pronto
Tu não vai terminar Usted no va a terminar	**Eu vou estudar o dia todo** Yo voy a estudiar todo el día
Ela vai te ligar mais tarde Ella va a llamarle luego	**Eles vão te trazer a comida** Ellos van a traerte la comida
Você vai me levar para casa Usted va a llevarme a casa	**Eles vão cozinhar para ti hoje** El va a cocinarle hoy
Ele vai esperar por você às 12 horas El le va a esperar a las doce	**Ele vai voar às 3** El va a volar hoy a las 3
Ele vai trazer o almoço à 1 El le va a traer el almuerzo a la 1	**Você não vai chegar na hora** Usted no va a estar a tiempo hoy

4. Condicional/Condicional

Condicional/Condicional

PORTUGUÉS: Verbo Infinitivo + "ia"
ESPAÑOL: Verbo infinitivo + la terminancion "ia"
o "iera"

Ejemplo:
Verbos infinitivos: Ir = **Ir**   Correr = **Correria**
Yo iria a correr si vinieras conmigo
Eu iria correr se viéreis comigo

Ejemplos: Condicional

	Infinitivo	
Eu poderia ir correr se o tempo estivesse bom	Poder	**Poder**
Yo podría ir a correr si el clima está agradable	Deberá	**Dever**
	Ir	**Ir**
Tu só devias vir para estudar se estiveres preparado para isso	Comer	**Comer**
Usted debería venir a estudiar sólo si usted está listo para ello	Llamar	**Ligar**
	Esperar	**Esperar**
Eu deveria vir visitar-te se estiveres disponível para mim	Hablar	**Falar**
Yo iría a visitarle si usted estuviera disponible para mí	Estudiar	**Estudar**
	Comprar	**Comprar**
Nós deveríamos comer em tua casa se cozinhas para todos	Llevar	**Tomar**
Nosotros comeríamos en su casa si ustedes cocinaran para todos nosotros		

Eu poderia ir correr se o tempo estivesse bom
Yo podría ir a correr si el clima está agradable

Tu só devias vir para estudar se estiveres preparado para isso
Usted debería venir a estudiar sólo si usted está listo para ello

Eu deveria vir visitar-te se estiveres disponível para mim
Yo iría a visitarle si usted estuviera disponible para mí

Nós deveríamos comer em tua casa se cozinhas para todos
Nosotros comeríamos en su casa si ustedes cocinaran para todos nosotros

Eles deveriam ligar-te ao meio-dia, se tiveres uma resposta para eles
Ellos llamarían al mediodía si usted tuviera una respuesta para ellos

Eu deveria levar-te ao aeroporto se estiveres pronto às 8 horas
Yo le llevaría al aeropuerto si usted estuviera listo a las 8

Tu deverias estar muito feliz se eu apenas tentasse ajudar-te
Usted se sentiría muy contento si simplemente tratara de dar una mano

Ela deveria esperar por eles ao meio-dia, se todos aparecerem
Ella esperaría por ellos al mediodía si todos ellos vienen

Eles preferem que você não faça nada no momento
Ellos preferirían que usted no haga nada por el momento

Ele poderia tentar terminar amanhã se lhe pagarem
El trataría de terminar mañana si recibe el pago

Condicional	
Podría	**Poderia**
Debería	**Deveria**
Iría	**Comeria**
Comería	**Ligaria**
Llamaría	**Esperaria**
Esperaría	**Falaria**
Estudiaría	**Estudaria**
Hablaría	**Compraria**
Llevaría	**Tomaria**

Los 4 formatos en fórmula

("los verbos infinitivos" son la base de este curso)

Gerundio/ Gerúndio (Acción)
 	
PORTUGUÉS: Ser/Estar + Verbo termina en "ando", "endo" o "indo"
 	
ESPAÑOL: Ser/Estar + Verbo termina en "iendo" o "ando"
 	
Ejemplo: Caminar = **Andar** (Verbo Infinitivo)
          Yo estoy caminando a comer
          Estou andando para comer
	Pasado Participio/Passado Participio
	
	PORTUGUÉS: Ter + Verbo termiando en **"ido"**, **"indo"** o **"ado."**
	
	ESPAÑOL: Haber + Verbo termiando en **"ido"** o **"ado."**
	
	Ejemplo: Caminar = **Andar**
	          Yo he estado caminando toda la mañana
	          Eu tenho andado tuda a mañana

Futuro/ Futuro **PORTUGUÉS**: Verbo ir + Verbo Infinitivo **ESPAÑOL**: Verbo ir a + Verbo Infinitivo. Yo voy a – **eu vou** Tu vas a – **você vai** El/Ella van a – **el/ela vai** Nosotros vamos a – **nós vamos** Ustedes van a – **vocês vão** Ellos van a – **eles/elas vão** *Ejemplo*: Comer = **Comer** Yo voy a ir a comer después **Eu vou ir comer mais tarde**	**Condicional/Condicional** **PORTUGUÉS**: Verbo Infinitivo + "ia" **ESPAÑOL**: Verbo infinitivo + la terminancion "ia" o "iera" *Ejemplo*: Verbos infinitivos: Ir = **Ir** Correr = **Correria** Yo iria a correr si vinieras conmigo **Eu iria correr se viéreis comigo**

9no. Paso de Aprendizaje

Preguntas y Negaciones

Practíquelas, especialmente las conjugaciones y la pronunciación

Preguntas

En portugués, las preguntas se formulan terminando la oración con un tono de signo de interrogación?

Ejemplos:

Usted quiere ir a comer
¿Quiere usted ir a comer?
Tu queres ir almoçar?

Usted tiene que venir
¿Tiene usted que venir?
Tu tens de vir?

Yo puedo ir a visitarla
¿Puedo yo ir a visitarla?
Eu posso ir visitá-la?

Ella debería llamarme
¿Debería ella llamarme?
Ela deveria ligar-me?

Negaciones

En portugués, las negaciones siempre y solo se formulan insertando un "Não" justo después del sustantivo.

Ejemplos:

Usted quiere ir a comer
Usted no quiere ir a comer
Tu não queres ir almoçar

Usted tiene que venir
Usted no tiene que venir
Tu não tens de vir

Yo puedo ir a vistarla
Yo no puedo ir a visitarla
Eu não posso ir visitá-la

Ella debería llamarme
Ella no debería llamarme
Ela não deveria ligar-me

10mo. Paso de Aprendizaje

"Hay"

Practíquelo Especialmente
(la pronunciación)

"Há"

Lección No. 15

Hay/ Há

Hay: **Há**

Hubo: **Há**

Hubieron: **Havia**

Hubo: **Houve**

Ha habido: **Houve**

Han Habido: **Houve**

Habrá: **Haverá**

Habría: **Haveria**

Habría habido: **Teria havido**

11vo. Paso de Aprendizaje

"Er-Est-Y"

Aprenda cómo estas terminaciones son utilizadas en Portugués

Practíquelas, especialmente (la pronunciación)

Las terminaciones Er - Est – Y

Más corto	Melhor	**Lo más Corto**	Melhor
Mejor	Mais Alto	**Lo mejor**	Mais Alto
Más alto	Mais Rápido	**Lo más alto**	Mais Rápido
Más rápido	Mais Veloz	**Lo más rápido**	Mais Veloz
Más pequeño	Mais Pequeno	**Lo más pequeño**	Mais Pequeno
Más despacio	Mais Lento	**Lo más despacio**	Mais Lento
Más caliente	Mais Quente	**Lo más caliente**	Mais Quente
Más frío	Mais Frio	**Lo más frío**	Mais Frio
Más tonto	Mais Tonto	**Lo más tonto**	Mais Tonto
Más poco	Menor	**Lo más poco**	Menor
Pequeño	Baixinho	**Tan…como**	Curto/Baixo
Retardado	Tardioso	**Más…que**	Mais… Que
Lloroso	Choroso		

Ejemplos:

Mais baixo que
Más Corto Que

Melhor que
Mejor Que

Mais Alto que
Más Alto Que

Mais Rápido que
Más Rápido Que

La Terminación OR cuando es aplicada a un verbo infinitivo,
la convierte en una persona

Conduzir – Manejar	**Condutor** – Conductor
Comer – Comer	**Comedor** – Comilón/Glotón
Jogar – Jugar	**Jogador** – Jugador
Corrrer – Corer	**Corredor** – Corridor
Dormir – Dormir	**Dormidor** – Dormilón
Escrever – Escribir	**Escretor** – Escritor
Ler – Leer	**Leitor** – Lector
Pagar – Pagar	**Pagador** – Pagador
Lavar – Lavar	**Lavador** – Lavadora
Falar – Hablar	**Falador** – Hablador

12vo. Paso de Aprendizaje

EL VERBO "Tener"

Aprenda las múltiples reglas gramaticales de este verbo

Practíquelas, especialmente las conjugaciones y (la pronunciación)

El extraño caso del verbo Tener

En Portugués dependiendo de su uso, existen dos usos y reglas gramaticales distintas para el verbo **"Ter"**:

1) Propiedad o posesión

  Ejemplos: **Eu tenho dor de cabeça** – Yo tengo un dolor de cabeza.

  Eu tenho um filho – Yo tengo un hijo.

2) Deber/ Responsabilidad

  Ejemplos: **Eu tenho que ir** – Yo me tengo que ir

  Tú tens que vir – Usted tiene que venir

3) Pasado Participio (como algo que ya ha pasado)

  Ejemplos: **Tenho-o feito!** – ¡Ya lo he hecho!

Propriedad	Deber/ Responsabilidad	Pasado Participio
Ho una famiglia	Tengo que ir a comer	Yo he ido a comer temprano
Eu tenho uma familia	**Eu tenho que ir comer**	**Eu tenho ido comer cedo**

Practiquemos lo que hemos aprendido

Verbo Infinitivo

Ejemplo: <u>Cozhinar</u> (Verbo Infinitivo) Cocinar

Las 4 Plantillas/ Formato

<u>Presente</u> Yo cocino **Eu cozinho**	<u>Gerundio</u> Yo estoy cocinando **Eu estou cozinhando**	<u>Futuro</u> Yo voy a cocinar **Eu irei cozinhar**	<u>Pasado Participio</u> Yo he cocinado **Eu já cozinhei**	<u>Condicional</u> Yo cocinaría **Eu cozinharia**
Yo voy a estar cocinando **Eu estarei cozinhando**	Yo estaba cocinando **Eu estava cozinhando**	Yo tengo que cocinar **Eu tenho que cozinhar**	Yo he estado cocinando **Eu tenho estado cozinhando**	
Yo hubiera cocinado **Eu teria cozinhado**	Yo cociné **Eu cozinhei**			

Ejemplo: <u>Esperar</u> (Verbo Infinitivo) Esperar

Las 4 Plantillas/ Formato

<u>Presente</u> Yo espero **Eu espero**	<u>Gerundio</u> Yo estoy esperando **Eu estou esperando**	<u>Futuro</u> Yo voy a esperar **Eu irei esperar**	<u>Pasado Participio</u> Yo he esperado **Eu tenho esperado**	<u>Condicional</u> Yo esperaría **Eu esperaria**
Yo voy a estar esperando **Eu vou estar esperando**	Yo estaba esperando **Eu estava esperando**	Yo tengo que esperar **Eu tenho que esperar**	Yo he estado esperando **Eu tenho estado esperando**	
Yo hubiera esperado **Eu teria esperado**	Yo esperé **Eu esperei**			

Verbo Infinitivo

Ejemplo: <u>Correr</u> **(Verbo Infinitivo) Correr**

Presente	**Gerundio**	**Futuro**	**Pasado Participio**	**Condicional**
Yo corro	Yo estoy corriendo	Yo voy a correr	Yo he corrido	Yo correría
Yo voy a estar corriendo	Yo estaba corriendo	Yo tengo que correr	Yo he estado corriendo	
Yo hubiera corrido	Yo corrí			

Ejemplo: <u>Comer</u> **(Verbo Infinitivo) Comer**

Presente	**Gerundio**	**Futuro**	**Pasado Participio**	**Condicional**
Yo como	Yo estoy comiendo	Yo voy a comer	Yo he comido	Yo comería
Yo voy a estar comiendo	Yo estaba comiendo	Yo tengo que comer	Yo he estado comiendo	
Yo hubiera comido	Yo comí			

Verbo Infinitivo

Ejemplo: <u>Falar</u> (Verbo Infinitivo) Hablar

Presente	**Gerundio**	**Futuro**	**Pasado Participio**	**Condicional**
Yo hablo	Yo estoy hablando	Yo voy a hablar	Yo he hablado	Yo hablaría
Yo voy a estar hablando	Yo estaba hablando	Yo tengo que hablar	Yo he estado hablando	
Yo hubiera hablado	Yo hablé			

Ejemplo: <u>Chamar</u> (Verbo Infinitivo) Llamar

Presente	**Gerundio**	**Futuro**	**Pasado Participio**	**Condicional**
Yo llamo	Yo estoy llamando	Yo voy a llamar	Yo he llamado	Yo llamaría
Yo voy a estar llamando	Yo estaba llamando	Yo tengo que llamar	Yo he estado llamando	
Yo hubiera llamado	Yo llamé			

Verbo Infinitivo

Ejemplo: <u>Levar</u> (Verbo Infinitivo) Llevar

Presente	**Gerundio**	**Futuro**	**Pasado Participio**	**Condicional**
Yo llevo	Yo estoy llevando	Yo voy a llevar	Yo he llevado	Yo llevaría
Yo voy a estar llevando	Yo estaba llevando	Yo tengo que llevar	Yo he estado llevando	
Yo hubiera llevado	Yo llevé			

Ejemplo: <u>Receber</u> (Verbo Infinitivo) Recibir

Presente	**Gerundio**	**Futuro**	**Pasado Participio**	**Condicional**
Yo recibo	Yo estoy recibiendo	Yo voy a recibir	Yo he recibido	Yo recibiría
Yo voy a estar recibiendo	Yo estaba recibiendo	Yo tengo que recibir	Yo he estado recibiendo	
Yo hubiera recibido	Yo recibí			

Verbo Infinitivo

Ejemplo: <u>Pensar</u> (Verbo Infinitivo) Pensar

Presente	Gerundio	Futuro	Pasado Participio	Condicional
Yo pienso	Yo estoy pensando	Yo voy a pensar	Yo he pensado	Yo pensaría
Yo voy a estar pensando	Yo estaba pensando	Yo tengo que pensar	Yo he estado pensando	
Yo hubiera pensado	Yo pensé			

Ejemplo: <u>Estudar</u> (Verbo Infinitivo) Estudiar

Presente	Gerundio	Futuro	Pasado Participio	Condicional
Yo estudio	Yo estoy estudiando	Yo voy a estudiar	Yo he estudiado	Yo estudiaría
Yo voy a estar estudiando	Yo estaba estudiando	Yo tengo que estudiar	Yo he estado estudiando	
Yo hubiera estudiado	Yo estudié			

Verbo Infinitivo

Ejemplo: <u>**Escrever**</u> **(Verbo Infinitivo) Escribir**

Presente	**Gerundio**	**Futuro**	**Pasado Participio**	**Condicional**
Yo escribo	Yo estoy escribiendo	Yo voy a escribir	Yo he escrito	Yo escribiría
Yo voy a estar escribiendo	Yo estaba escribiendo	Yo tengo que escribir	Yo he estado escribiendo	
Yo hubiera escrito	Yo escribí			

Ejemplo: <u>**Ler**</u> **(Verbo Infinitivo) Leer**

Presente	**Gerundio**	**Futuro**	**Pasado Participio**	**Condicional**
Yo leo	Yo estoy leyendo	Yo voy a leer	Yo he leido	Yo leería
Yo voy a estar leyendo	Yo estaba leyendo	Yo tengo que leer	Yo he estado leyendo	
Yo hubiera leído	Yo leí			

Verbo Infinitivo

Ejemplo: <u>Fazer</u> (Verbo Infinitivo) Hacer

Las 4 Plantillas/ Formato

Presente	Gerundio	Futuro	Pasado Participio	Condicional
Yo hago	Yo estoy haciendo	Yo voy a hacer	Yo he hecho	Yo haría
Yo voy a estar haciendo	Yo estaba haciendo	Yo tengo que hacer	Yo he estado haciendo	
Yo hubiera hecho	Yo hice			

Ejemplo: <u>Trabalhar</u> (Verbo Infinitivo) Trabajar

Las 4 Plantillas/ Formato

Presente	Gerundio	Futuro	Pasado Participio	Condicional
Yo trabajo	Yo estoy trabajando	Yo voy a trabajar	Yo he trabajado	Yo trabajaría
Yo voy a estar trabajando	Yo estaba trabajando	Yo tengo que trabajar	Yo he estado trabajando	
Yo hubiera trabajado	Yo trabajé			

Negación

Ejemplo: <u>Cozhinar</u> (Verbo Infinitivo) Cocinar

Las 4 Plantillas/ Formato

Presente	**Gerundio**	**Futuro**	**Pasado Participio**	**Condicional**
Yo no cocino **Eu não cozinho**	Yo no estoy cocinando **Eu não estou cozinhando**	Yo no voy a cocinar **Eu não irei cozinhar**	Yo no he cocinado **Eu não já cozinhei**	Yo no cocinaría **Eu não cozinharia**
Yo no voy a estar cocinando **Eu não estarei cozinhando**	Yo no estaba cocinando **Eu não estava cozinhando**	Yo no tengo que cocinar **Eu não tenho que cozinhar**	Yo no he estado cocinando **Eu não tenho estado cozinhando**	
Yo no hubiera cocinado **Eu não teria cozinhado**	Yo no cociné **Eu não cozinhei**			

Ejemplo: <u>Esperar</u> (Verbo Infinitivo) Esperar

Las 4 Plantillas/ Formato

Presente	**Gerundio**	**Futuro**	**Pasado Participio**	**Condicional**
Yo no espero **Eu não espero**	Yo estoy esperando **Eu não estou esperando**	Yo no voy a esperar **Eu não irei esperar**	Yo no he esperado **Eu não tenho esperado**	Yo no esperaría **Eu não esperaria**
Yo no voy a estar esperando **Eu não estar esperando**	Yo no estaba esperando **Eu não estava esperando**	Yo no tengo que esperar **Eu não tenho que esperar**	Yo no he estado esperando **Eu não tenho estado esperando**	
Yo no hubiera esperado **Eu não teria esperado**	Yo no esperé **Eu não esperei**			

Negación

Ejemplo: <u>Corrir</u> (Verbo Infinitivo) Correr

Presente	Gerundio	Futuro	Pasado Participio	Condicional
Yo no corro	Yo no estoy corriendo	Yo no voy a correr	Yo no he corrido	Yo no correría
Yo no voy a estar corriendo	Yo no estaba corriendo	Yo no tengo que correr	Yo no he estado corriendo	
Yo no hubiera corrido	Yo no corrí			

Ejemplo: <u>Comer</u> (Verbo Infinitivo) Comer

Presente	Gerundio	Futuro	Pasado Participio	Condicional
Yo no como	Yo no estoy comiendo	Yo no voy a comer	Yo no he comido	Yo no comería
Yo no voy a estar comiendo	Yo no estaba comiendo	Yo no tengo que comer	Yo no he estado comiendo	
Yo no hubiera comido	Yo no comí			

Negación

Ejemplo: <u>Falar</u> (Verbo Infinitivo) Hablar

Las 4 Plantillas/ Formato

Presente	**Gerundio**	**Futuro**	**Pasado Participio**	**Condicional**
Yo no hablo	Yo no estoy hablando	Yo no voy a hablar	Yo no he hablado	Yo no hablaría
Yo no voy a estar hablando	Yo no estaba hablando	Yo no tengo que hablar	Yo no he estado hablando	
Yo no hubiera hablado	Yo no hablé			

Ejemplo: <u>Chamar</u> (Verbo Infinitivo) Llamar

Las 4 Plantillas/ Formato

Presente	**Gerundio**	**Futuro**	**Pasado Participio**	**Condicional**
Yo no llamo	Yo no estoy llamando	Yo no voy a llamar	Yo no he llamado	Yo no llamaría
Yo no voy a estar llamando	Yo no estaba llamando	Yo no tengo que llamar	Yo no he estado llamando	
Yo no hubiera llamado	Yo no llamé			

Negación

Ejemplo: <u>Levar</u> (Verbo Infinitivo) Llevar

Presente	**Gerundio**	**Futuro**	**Pasado Participio**	**Condicional**
Yo no llevo	Yo no estoy llevando	Yo no voy a llevar	Yo no he llevado	Yo no llevaría
Yo no voy a estar llevando	Yo no estaba llevando	Yo no tengo que llevar	Yo no he estado llevando	
Yo no hubiera llevado	Yo no llevé			

Ejemplo: <u>Receber</u> (Verbo Infinitivo) Recibir

Presente	**Gerundio**	**Futuro**	**Pasado Participio**	**Condicional**
Yo no recibo	Yo no estoy recibiendo	Yo no voy a recibir	Yo no he recibido	Yo no recibiría
Yo no voy a estar recibiendo	Yo no estaba recibiendo	Yo no tengo que recibir	Yo no he estado recibiendo	
Yo no hubiera recibido	Yo no recibí			

Negación

Ejemplo: <u>Pensar</u> (Verbo Infinitivo) Pensar   **Las 4 Plantillas/ Formato**

<u>Presente</u>	**<u>Gerundio</u>**	**<u>Futuro</u>**	**<u>Pasado Participio</u>**	**<u>Condicional</u>**
Yo no penso	Yo no estoy pensando	Yo no voy a pensar	Yo no he pensado	Yo no pensaría
Yo no voy a estar pensando	Yo no estaba pensando	Yo no tengo que pensar	Yo no he estado pensando	
Yo no hubiera pensado	Yo no pensé			

Ejemplo: <u>Estudar</u> (Verbo Infinitivo) Estudiar   **Las 4 Plantillas/ Formato**

<u>Presente</u>	**<u>Gerundio</u>**	**<u>Futuro</u>**	**<u>Pasado Participio</u>**	**<u>Condicional</u>**
Yo no estudio	Yo no estoy estudiando	Yo no voy a estudiar	Yo no he estudiado	Yo no estudiaría
Yo no voy a estar estudiando	Yo no estaba estudiando	Yo no tengo que estudiar	Yo no he estado estudiando	
Yo no hubiera estudiado	Yo no estudié			

Negación

Ejemplo: <u>**Escrever**</u> **(Verbo Infinitivo) Escribir**   **Las 4 Plantillas/ Formato**

<u>Presente</u>	**<u>Gerundio</u>**	**<u>Futuro</u>**	**<u>Pasado Participio</u>**	**<u>Condicional</u>**
Yo no escribo	Yo no estoy escribiendo	Yo no voy a escribir	Yo no he escrito	Yo no escribiría
Yo no voy a estar escribiendo	Yo no estaba escribiendo	Yo no tengo que escribir	Yo no he estado escribiendo	
Yo no hubiera escrito	Yo no escribí			

Ejemplo: <u>**Ler**</u> **(Verbo Infinitivo) Leer**   **Las 4 Plantillas/ Formato**

<u>Presente</u>	**<u>Gerundio</u>**	**<u>Futuro</u>**	**<u>Pasado Participio</u>**	**<u>Condicional</u>**
Yo no leo	Yo no estoy leyendo	Yo no voy a leer	Yo no he leido	Yo no leería
Yo no voy a estar leyendo	Yo no estaba leyendo	Yo no tengo que leer	Yo no he estado leyendo	
Yo no hubiera leído	Yo no leí			

Negación

Ejemplo: <u>Fazer</u> (Verbo Infinitivo) Hacer

Presente	**Gerundio**	**Futuro**	**Pasado Participio**	**Condicional**
Yo no hago	Yo no estoy haciendo	Yo no voy a hacer	Yo no he hecho	Yo no haría
Yo no voy a estar haciendo	Yo no estaba haciendo	Yo no tengo que hacer	Yo no he estado haciendo	
Yo no hubiera hecho	Yo no hice			

Ejemplo: <u>Trabalhar</u> (Verbo Infinitivo) Trabajar

Presente	**Gerundio**	**Futuro**	**Pasado Participio**	**Condicional**
Yo no trabajo	Yo no estoy trabajando	Yo no voy a trabajar	Yo no he trabajado	Yo no trabajaría
Yo no voy a estar trabajando	Yo no estaba trabajando	Yo no tengo que trabajar	Yo no he estado trabajando	
Yo no hubiera trabajado	Yo no trabajé			

Preguntas

Ejemplo: <u>Cozhinar</u> (Verbo Infinitivo) Cocinar

Presente	Gerundio	Futuro	Pasado Participio	Condicional
¿Cocino yo?	¿Estoy yo cocinando?	¿Voy a cocinar yo?	¿He yo cocinado?	¿Cocinaría yo?
Eu cozinho?	**Bin Ich am kochen?**	**Eu irei cozinhar?**	**Eu já cozinhei?**	**Eu cozinharia?**
¿Voy a estar cocinando yo?	¿Estuve cocinando yo?	¿Tengo yo que cocinar?	¿He estado cocinando yo?	
Eu estarei cozinhando?	**Eu estava cozinhando?**	**Eu tenho que cozinhar?**	**Eu tenho estado cozinhando?**	
¿Hubiera yo cocinado?	¿Cociné yo?			
Eu teria cozinhado?	**Eu cozinhei?**			

Ejemplo: <u>Esperar</u> (Verbo Infinitivo) Esperar

Presente	Gerundio	Futuro	Pasado Participio	Condicional
¿Espero yo?	¿Estoy yo esperando?	¿Voy yo a esperar?	¿He yo esperado?	¿Esperaría yo?
Eu espero?	**Eu estou esperando?**	**Eu irei esperar?**	**Eu tenho esperado?**	**Eu esperaria?**
¿Voy a estar esperando yo?	¿Estaba esperando yo?	¿Tengo que esperar yo?	¿He estado esperando yo?	
Eu vou estar esperando?	**Eu estava esperando?**	**Eu tenho que esperar?**	**Eu tenho estado esperando?**	
¿Hubiera esperado yo?	¿Esperé yo?			
Eu teria esperado?	**Eu esperei?**			

Preguntas

Ejemplo: <u>Correr</u> (Verbo Infinitivo) Correr

Presente	**Gerundio**	**Futuro**	**Pasado Participio**	**Condicional**
¿Corro yo?	¿Estoy yo corriendo?	¿Voy a correr yo?	¿He yo corrido?	¿correría yo?
¿Voy a estar corriendo yo?	¿Estaba corriendo yo?	¿Tengo yo que correr?	¿He estado corriendo yo?	
¿Hubiera yo corrido?	¿Corrí yo?			

Ejemplo: <u>Comer</u> (Verbo Infinitivo) Comer

Presente	**Gerundio**	**Futuro**	**Pasado Participio**	**Condicional**
¿Como yo?	¿Estoy yo comiendo?	¿Voy yo a comer?	¿He yo comido?	¿Comería yo?
¿Voy a estar comiendo yo?	¿Estaba comiendo yo?	¿Tengo que comer yo?	¿He estado comiendo yo?	
¿Hubiera comido yo?	¿Comí yo?			

Preguntas

Ejemplo: <u>Falar</u> (Verbo Infinitivo) Hablar

Las 4 Plantillas/ Formato

Presente ¿Hablo yo?	**Gerundio** ¿Estoy yo hablando?	**Futuro** ¿Voy a hablar yo?	**Pasado Participio** ¿He yo hablado?	**Condicional** ¿Hablaría yo?
¿Voy a estar hablando yo?	¿Estaba hablando yo?	¿Tengo yo que hablar?	¿He estado hablando yo?	
¿Hubiera yo hablado?	¿Hablé yo?			

Ejemplo: <u>Chamar</u> (Verbo Infinitivo) Llamar

Las 4 Plantillas/ Formato

Presente ¿Llamo yo?	**Gerundio** ¿Estoy yo llamando?	**Futuro** ¿Voy yo a llamar?	**Pasado Participio** ¿He yo llamado?	**Condicional** ¿llamaría yo?
¿Voy a estar llamando yo?	¿Estaba llamando yo?	¿Tengo que llamar yo?	¿He estado llamando yo?	
¿Hubiera llamado yo?	¿Llamé yo?			

Preguntas

Ejemplo: <u>Levar</u> (Verbo Infinitivo) Llevar

Presente	Gerundio	Futuro	Pasado Participio	Condicional
¿Llevo yo?	¿Estoy yo llevando?	¿Voy a llevar yo?	¿He yo llevado?	¿Llevaría yo?
¿Voy a estar llevando yo?	¿Estaba llevando yo?	¿Tengo yo que llevar?	¿He estado llevando yo?	
¿Hubiera yo llevado?	¿Llevé yo?			

Ejemplo: <u>Receber</u> (Verbo Infinitivo) Recibir

Presente	Gerundio	Futuro	Pasado Participio	Condicional
¿Recibo yo?	¿Estoy yo recibiendo?	¿Voy yo a recibir?	¿He yo recibido?	¿Recibiría yo?
¿Voy a estar recibiendo yo?	¿Estaba recibiendo yo?	¿Tengo que recibir yo?	¿He estado recibiendo yo?	
¿Hubiera recibido yo?	¿Recibí yo?			

Preguntas

Ejemplo: <u>Pensar</u> **(Verbo Infinitivo) Pensar**

Presente ¿Pienso yo?	**Gerundio** ¿Estoy yo pensando?	**Futuro** ¿Voy a pensar yo?	**Pasado Participio** ¿He yo pensado?	**Condicional** ¿Pensaría yo?
¿Voy a estar pensando yo?	¿Estaba pensando yo?	¿Tengo yo que pensar?	¿He estado pensando yo?	
¿Hubiera yo pensado?	¿Pensé yo?			

Ejemplo: <u>Estudar</u> **(Verbo Infinitivo) Estudiar**

Presente ¿Estudio yo?	**Gerundio** ¿Estoy yo estudiando?	**Futuro** ¿Voy yo a estudiar?	**Pasado Participio** ¿He yo estudiado?	**Condicional** ¿Estudiaría yo?
¿Voy a estar estudiando yo?	¿Estaba estudiando yo?	¿Tengo que estudiar yo?	¿He estado estudiando yo?	
¿Hubiera estudiado yo?	¿Estudié yo?			

Preguntas

Ejemplo: <u>Escrever</u> (Verbo Infinitivo) Escribir

Las 4 Plantillas/ Formato

Presente	**Gerundio**	**Futuro**	**Pasado Participio**	**Condicional**
¿Escribo yo?	¿Estoy yo escribiendo?	¿Voy a escribir yo?	¿He yo escribido?	¿Escribiría yo?
¿Voy a estar escribiendo yo?	¿Estaba escribiendo yo?	¿Tengo yo que escribir?	¿He estado escribiendo yo?	
¿Hubiera yo escribido?	¿Escribí yo?			

Ejemplo: <u>Ler</u> (Verbo Infinitivo) Leer

Las 4 Plantillas/ Formato

Presente	**Gerundio**	**Futuro**	**Pasado Participio**	**Condicional**
¿Leo yo?	¿Estoy yo leyendo?	¿Voy yo a leer?	¿He yo leído?	¿Leería yo?
¿Voy a estar leyendo yo?	¿Estaba leyendo yo?	¿Tengo que leer yo?	¿He estado leyendo yo?	
¿Hubiera leído yo?	¿Leí yo?			

Preguntas

Ejemplo: <u>**Fazer**</u> **(Verbo Infinitivo) Hacer**

Las 4 Plantillas/ Formato

Presente ¿Hago yo?	**Gerundio** ¿Estoy yo haciendo?	**Futuro** ¿Voy a hacer yo?	**Pasado Participio** ¿He yo hecho?	**Condicional** ¿Haría yo?
¿Voy a estar haciendo yo?	¿Estaba haciendo yo?	¿Tengo yo que hacer?	¿He estado haciendo yo?	
¿Hubiera yo hecho?	¿Hice yo?			

Ejemplo: <u>**Trabalhar**</u> **(Verbo Infinitivo) Trabajar**

Las 4 Plantillas/ Formato

Presente ¿Trabajo yo?	**Gerundio** ¿Estoy yo trabajando?	**Futuro** ¿Voy yo a trabajar?	**Pasado Participio** ¿He yo trabajado?	**Condicional** ¿Trabajaría yo?
¿Voy a estar trabajando yo?	¿Estaba trabajando yo?	¿Tengo que trabajar yo?	¿He estado trabajando yo?	
¿Hubiera trabajado yo?	¿Trabajé yo?			

Vocabulario en Portugués

Vocabulario en Portugués

A

A: Uma
Abril: Abril
A esta hora: A esta hora
A las: No
A menos que: A menos que
A pesar de: Apesar de
A propósito: A propósito
A punto de: A ponto de
A qué distancia: A que distância
A qué hora: A que horas
A quién: A quem
A través: Através
A través de lo cual: Através do qual
Abajo: Baixa
Abierto: Abrir
Abrigo: Casaco
Acerca de: Sobre
Adentro: Dentro de casa
Adonde: Para onde
Aduana: Costumes
Afuera: Fora
Agradable: agradável
Agua: Água
Ahora: Agora
Ahora mismo: Ahora mismo
Aerolínea: CIA aérea

Aire: Ar
Avión: Avião
Algo: Algo
Alguien: Alguém
Alguno: Algum
Al Lado: Ao lado
Allá: Lá
Almacén: Armazém
Alto: Alta
Almacén: Armazém
Amable: Amável
Amarillo: Amarelo
Ambos: Ambos
Amistoso: Amigáveis
Año: Ano
Ancho: Largura
Antes: Antes da
Apenado: Desculpe
Apenas: Apenas
Aquellos: Aqueles
Aquí: Aqui
Arriba: Acima
Arroz: Arroz
Asado: Assar
Aturdido: Atordoado
Aun Cuando: Ainda quando
Aunque: No entanto
Autobus: Ônibus

Automovil: Carro
Aviso: Aviso
Ayer: Ontem
Ayuda: Ajuda
Azafata: Comissária de bordo
Azúcar: Azúcar
A Propósito: A Propósito
A Pesar De: Apesar de
Ajo: Alho

B

Baile: Dança
Bajo: Graves
Banco: Banco
Bandera: Bandeira
Baño: Banheiro
Barato: Barato
Barco: Barco
Básico: Essencial
Bastante: Bastante
Bebé: Bebê
Bicicleta: Bicicleta
Bien: Bom
Bien Sea: Bem que seja
Bocadillo: Lanche
Bolsa: Sacola
Bolsillo: Bolso
Bulto: Pacote

Vocabulario en Portugués

Bota: Bota
Botella: Garrafa
Botón: Botão
Bueno: Ok
Billetera: Carteira

C
Cada: Cada
Caliente: Quente
Carente De: Falta de
Casi: Quase
Cautela: Cuidado
Ceder El Paso: Colheita
Cerca: Perto
Cierto: Certo
Clase: Classe
Colapso: Colapso
Cómo: Quão
Completo: Completo
Con: Com
Conmigo: Conmigo
Cosa: Material
Considerando Que: Considerando Que
Contigo: Contigo
Cuál: Que
Cualquiera: Algum
Cuando: Quando

Cuando Sea: Quando seja
Cuánto: Quantos
Cuidado: Atenção

D
Dama: Senhora
De: Do
De buena gana: De boa vontade
De cualquier manera: De qualquer maneira
De guardia: De guarda
De nuevo: De nuevo
De otra manera: De outra maneira
De quien: De quem
Debajo: Debaixo
Delgado: Fino
Demasiado: Também
Dentista: Dentista
Dentro: Dentro de
Deportes: Esportes
Derecho(a): Direito
Desafortunadamente: Infelizmente
Desagradable: Desagradável
Descuento: Desconto
Desierto: Deserto
Desfile: Parada
Despacio: Devagar
Después: Depois

Detrás De: Atrás de
Desviación: Desvio
Día: Dia
Diario: Diário
Diez: Dez
Difícil: Duro
Diciembre: Dezembro
Diccionario: Dicionário
Dinero: Dinheiro
Dirección: Endereço
Disponible: Disponível
Divertido: Engraçado
Dividido Por: Dividido Por
Doce: Doze horas
Dolor: Dor
Dónde: Onde
Donde Se Encuentre: Onde achar
Docena: Dúzia
Ducha: Banho

E
En Particular: Em particular
En Proceso: Em processo
En Seguida: Agora mesmo
En Vez De: Em vez de
Entre: Dentre
Es Necesario: É necessário
Esta Noche: Esta noite

Vocabulario en Portugués

Específico: Específico
Esto(a): Este
Estos: Esses
Extraño: Esquisito
Estrecho: Perto
Empujar: Empurre
En: Dentro
En algún lugar: Em algum lugar
En buena salud: Em boa saúde
En caso de: No caso de
En contra de: Em contra de
En frente de: Em frente
En la: No
En orden de: Em ordem de

F

Fácilmente: Facilmente
Factible: Viável
Falla: Falha
Familia: Família
Farmacia: Farmacia
Febrero: Fevereiro
Feria: Feira
Ferrocarril: Estrada de ferro
Fiebre: Febre
Fiesta: Partido
Fino: Multar

Frito: Frito
Fruta: Fruta
Fuego: Incêndio

G

Gas: Gás
Gasolina: Gasolina
Grande: Excelente
Grueso: Espesso
Goteo: Gotejamento
Gafas: Óculos
Gracias: Obrigada
Gratis: Livre
Gris: Cinza
Gente: Pessoas
Gerente: Gerente
Guante: Luva
Guía: Guia
Guisantes: Ervilhas verdes

H

Hombres: Homens
Horno: Forno
Hace: Faz
Hecho En: Feito em
Hora: Hora
Huevo: Ovo

Hacia: Para
Helado: Congeladas
Horario: Cronograma
Halar: Puxar
Hombre: Homens
Horneado: Cozido
Hasta luego: Até logo
Hubo: Houve
Habrían estado: Eles teriam sido
Habrían sido: Teria sido
Ha habido: Foi
Habrían habido: Teria havido
Han estado: Estiveram
Han sido: Foram

I

Ida Y vuelta: Ida e volta
Iglesia: Igreja
Imposible: Impossível
Improbable: Improvável
Incluido: Incluído
Inmediatamente: Imediatamente
Insecto: Inseto
Izquierda: Deixei

J

Jabón: Sabão

Vocabulario en Portugués

Jefe: Chefe
Joyas: Jóias
Juego: Toque
Jugo: Suco
Junio: Junho
Juntos: Juntos
Justo: Apenas

L
Llave: Chave inglesa
Lluvia: Chuva
Loco: Louco
Lúcido: Lúcido
Luego: Mais tarde
Lunes: Segunda-feira
Lado: Lado
Ladron: Ladrão
Largo: Comprimento
Lavabo: Afundar
Laxante: Laxante
Leche: Leite
Lechuga: Alface
Legal: Jurídico
Legumbres: Leguminosas
Lejos: Distante
Lentes: Óculos
Lento: Lento
Libre: Livre

Limón: Limão
Limonada: Limonada
Listo: Inteligente
Lista: Preparar

M
Maleta: Sacola
Mañana: Manhã
Mantener: Aguarde
Mantequilla: Manteiga
Manzana: Maçã
Máquina: Máquina
Marido: Esposo
Marrón: Marrom
Más allá: Além
Menos: Menos
Media: Metade
Medianoche: Meia-noite
Medio: Médio
Mediodía: Meio-dia
Menú: Cardápio
Menu : Conta
Menos: Menos
Mermelada: Geléia
Mes: Mês
Mesonero: Estalajadeiro
Mientras que: Enquanto que
Mucho: Muito

Mientras: Enquanto
Muchos: Muito de

N
Naranja: Laranja
Nave: Navio
Necesario: Necessário
Necesitado: Carente
Ninguno: Nenhum
No: Não
Nuevo: Novo
Nuevamente: Novamente
Nunca: Nunca

O
O: Qualquer
Objetos de valor: Objetos de valor
Obras: Tocam
Obvio: Óbvio
Ocupado: Ocupado
Octubre: Outubro
Ojo: Olho
Once: Onze
Oscuro: Escuro
Otoño: Cair
Otro: Outro

Vocabulario en Portugués

P

Placer: Prazer
Plancha: Prancha
Poco: Um pouquinho
Por consiguiente: Por consequência
Por costumbre: Fora do hábito
Por la razón: Pela razão
Por lo tanto: Portanto
Por qué: Por que
Pregunta: Perguntar
Presentar: Introduzir
Primavera: Primavera
Privado: Privado
Probablemente: Provavelmente
Problema: Problema
Profundamente: Profundamente
Pronto: Em breve
Próximo: Próximo
Policía: Policial
Por ciento: Por cento
Portero: Goleiro
Puede Ser: Pode ser
Punto: Ver
Panadería: Padaria
Pañales: Fraldas
Papá: Batata
Para: Por

Pare: Pare
Pareciera: Parece
Parece: Parece
Parque: Parque
Pasaje: Passagem
Papas: Batatas
Papel higiénico: Papel higiênico
Paraguas: Guarda-chuva
Pasaporte: Passaporte
Payment: Forma de pagamento
Película: Filme
Pequeño: Pequena
Por día: Por dia
Por supuesto: Claro
Postre: Sobremesa
Perdóneme: Desculpe-me
Pero: Mas
Pesado: Pesado
Pasajero: Passageiro

Q

Querido: Querido
Queso: Queijo

R

Radiador: Radiador
Rápido: Velozes

Rebaja: Redução
Rebajas: Descontos
Regalo: Presente
Relativo: Relativo
Reloj: Relógio
Repita: repetir
Ridículo: Ridículo
Riña: Lutar
Robo: Roubaram
Ropa: Confecções
Responsable: Responsável
Ruido: Ruído
Rutina: Rotina
Ruptura: Rompendo

S

Sabiduría: Sabedoria
Sabor: Gosto
Sabroso: Gostoso
Sacar: Leva
Sacrificar: Sacrifício
Sagrado: Sagrado
Saltar: Pular
Secreto: Segredo
Serio: Eu ri
Servicio: Serviço
Silbar: Assobiar

Vocabulario en Portugués

Silencio: Silêncio
Sistema: Sistema
Sociedad: Sociedade
Soleado: Ensolarado
Solidez: Solidez
Sordo: Surdo
Sorpresa: Surpresa
Sublime: Sublime
Suspiro: Suspirar
Sustituir: Substituir
Susto: Susto
Susurro: Sussurrar

T

Tachar: Descartar
Taller: Oficina
Tambor: Tambor
Tangente: Tangente
Taxista: Taxista
Techo: Teto
Teja: Telha
Tema: Tema
Temor: Temer
Temprano: Cedo
Tendencia: Tendência
Terreno: Terra
Tesoro: Tesouro
Tiempo: Tempo

Timbre: Campainha
Tristeza: Tristeza
Todopoderoso: Todo-Poderoso
Tonto: Idiota
Tos: Tosse
Tribuna: Arquibancada
Tunel: Túnel
Turismo: Turismo

U

Último: Mais recentes
Urgencia: Urgência
Urgente: Urgente
Utilidad: Utilitário
Usual: Usual
Usurero: Usurário
Usurpar: Usurpar
Usuario: Do utilizador
Universidad: Universidade
Urbanista: Planejador urbano
Universo: Universo

V

Vacaciones: Feriados
Vacante: Vago
Variedad: Variedade
Valor: Que vale a pena
Vanidad: Vaidade

Vehículo: Veículo
Velero: Barco a vela
Verdad: Verdade
Versatil: Versátil
Vida: Vida
Viejo: Velho
Víspera: Véspera
Vitamina: Vitamina
Virilidad: Virilidade
Voraz: Voraz

WX

Y

Yacimiento: Depósito
Yanqui: Ianque
Yarda: Quintal
Yerba: Erva

Z

Zancadilla: Tropeçou
Zángano: Drone
Zapato: Sapato
Zapatero: Sapateiro
Zona: Zona
Zumbido: Zumbido
Zumo: Suco
Zorro: Raposa

www.ingramcontent.com/pod-product-compliance
Lightning Source LLC
Chambersburg PA
CBHW082110120626
46553CB00011B/3613